Wege aus Eisen in Tirol
und Vorarlberg

PETER WEGENSTEIN

Wege aus Eisen in Tirol und Vorarlberg

Zur Eisenbahngeschichte der beiden Länder

W-H EDITION WINKLER-HERMADEN

Zum Umschlagbild:

Am 5. Jänner 1993 passiert der Güterzug 44 643 bei der Talfahrt die Trisannabrücke. Am Zugschluss fährt die Schiebelock 1020 039. Wie zur Bewachung steht das aus dem Jahr 1292 stammende Schloss Wiesberg ganz nah an der Brücke.

Hauptstraße 37, A-2123 Schleinbach
info@edition-wh.at
www.edition-wh.at
Satz und Layout: Ecker-Design, A-2020 Hollabrunn
Gedruckt in der EU bei Finidr s.r.o.
ISBN 978-3-9505166-2-3

Inhalt

Streckenskizze der Eisenbahnen in Tirol und Vorarlberg 2022

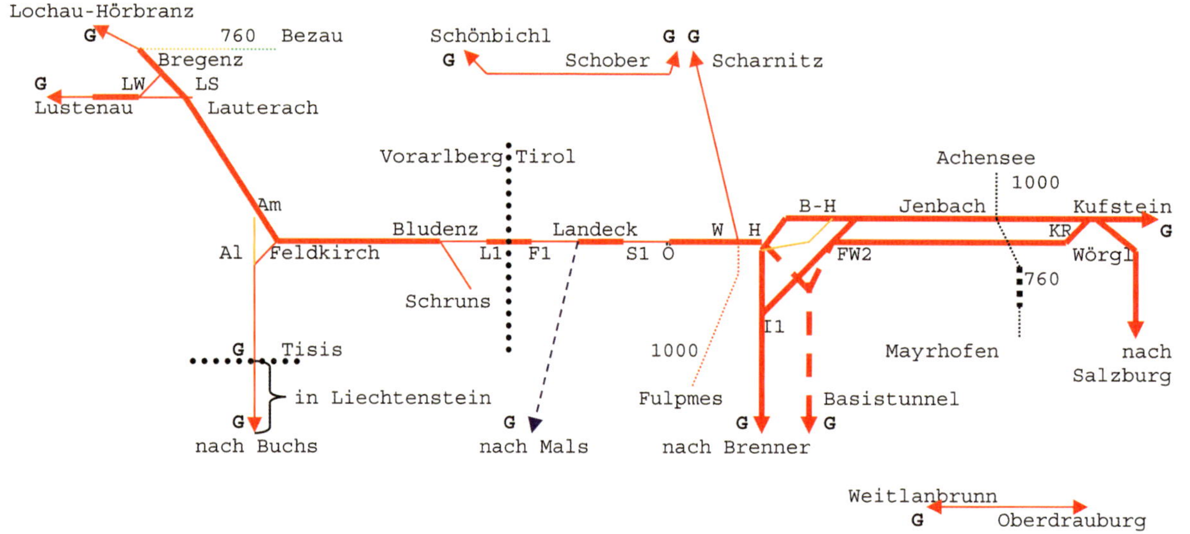

Abkürzungen

G	Staatsgrenze
KR	Abzweigung Knoten Radfeld
FW2	Abzweigung Fritzens-Wattens 2
H	Innsbruck Hauptbahnhof
W	Innsbruck Westbahnhof
B-H	Hall in Tirol
I1	Abzweigung Innsbruck 1
Ö	Ötztal
S1	Abzweigung Schönwies 1
F1	Abzweigung Flirsch 1
L1	Abzweigung Langen 1
Am	Abzweigung Amberg
Al	Abzweigung Altenstadt
LW	Abzweigung Lauterach West
LS	Abzweigung Lauterach Süd

Gleisdarstellung

dünn	1 Gleis
dick	2 Gleise
	Normalspur
	Schmalspur
	Elektrischer Betrieb
	Stillgelegt
	Museumsbahn
	In Bau
	In Bau, Bau eingestellt

760, 1000 Spurweite der Schmalspurbahnen in Millimeter

Einleitung

Tirol und Vorarlberg liegen im Bereich wichtiger europäischer Transitrouten. In der Monarchie jedoch lagen die beiden Länder im Unterschied zu heute abseits der Hauptrouten. Tirol erhielt 1858 und Vorarlberg 1872 die erste Eisenbahnstrecke. An das innerösterreichische Bahnnetz wurde Vorarlberg erst 1884 angeschlossen.

Dieses Buch stützt sich in seinem Textteil auf die amtlichen Unterlagen über den Schienenverkehr. Es sind dies das „Notizenblatt für Eisenbahn- und Dampfschifffahrt-Unternehmungen" (1860, 1861), das „Centralblatt für Eisenbahnen und Dampfschifffahrt in Österreich" (1862–1869), das „Centralblatt für Eisenbahnen und Dampfschifffahrt der Österreichisch-Ungarischen Monarchie" (1870–1887), das „Verordnungs-Blatt für Eisenbahnen und Schifffahrt" (1888–1924) sowie das „Anzeigenblatt für Verkehr" (ab 1924). Geschäftsberichte der Bahngesellschaften, Nachrichtenblätter der einzelnen Bahndirektionen sowie Akten aus dem Österreichischen Staatsarchiv und Artikel aus Tageszeitungen halfen mir, ein umfassendes Bild der Geschichte der Eisenbahnen zu erstellen.

Für die Illustration dieses Buches konnte ich neben eigenen Fotografien auf Fotos passionierter Eisenbahnfotografen zurückgreifen. Ein großes Dankeschön an diese Unterstützer. Die abgebildeten Fahrkarten stammen aus meiner eigenen Sammlung.

Eisenbahnen bekamen in ganz Österreich den gleichen technischen Standard vorgeschrieben: Normalspur, große Bogenradien, aufwendiger Oberbau, Schrankenanlagen bei allen Eisenbahnkreuzungen, Bahnwärterdienst und so weiter. Dadurch waren Bau und Betrieb einer Bahn teuer und rentierten sich nur dort, wo mit einem großen Verkehrsaufkommen gerechnet werden konnte.

Aufgrund der Wirtschaftskrise, ausgelöst durch den Zusammenbruch der Börse am 9. Mai 1873, kam der Ausbau des Eisenbahnnetzes fast vollständig zum Erliegen, daher führte man geänderte vereinfachte Bauvorschriften (Zulassung kleiner Bogenradien, Verzicht auf Schrankenanlagen und Bahnwärterdienst, einfacherer Oberbau und so weiter) für die Nebenbahnen ein und reduzierte dafür die Höchstgeschwindigkeit der Züge (anfänglich auf 12 km/h, im Lauf der Zeit wurde erhöht). So waren der wirtschaftliche Bau und Betrieb von Bahnen mit regionalen Aufgaben auch bei mäßigem Verkehrsaufkommen möglich. Hauptbahnen werden bis heute den ursprünglichen Vorschriften entsprechend gebaut und betrieben, Nebenbahnen nach den vereinfachten Vorgaben errichtet.

Am 22. Oktober 1883 wurde die Straßenbahn in Mödling als weltweit erste elektrisch betriebene Straßenbahn eröffnet. Dies war der Beginn der Elektrifizierung bei Eisenbahnen. Anfangs erfolgte der Betrieb mit Gleichstrom, der damals bis etwa 1000 V angewendet werden konnte – für Straßenbahnen reichte dies aus, für längere Strecken aber nicht.

Bei Wechselstrom kann mittels Transformatoren die Spannung wesentlich erhöht werden. Durch das pulsierende Erreger-

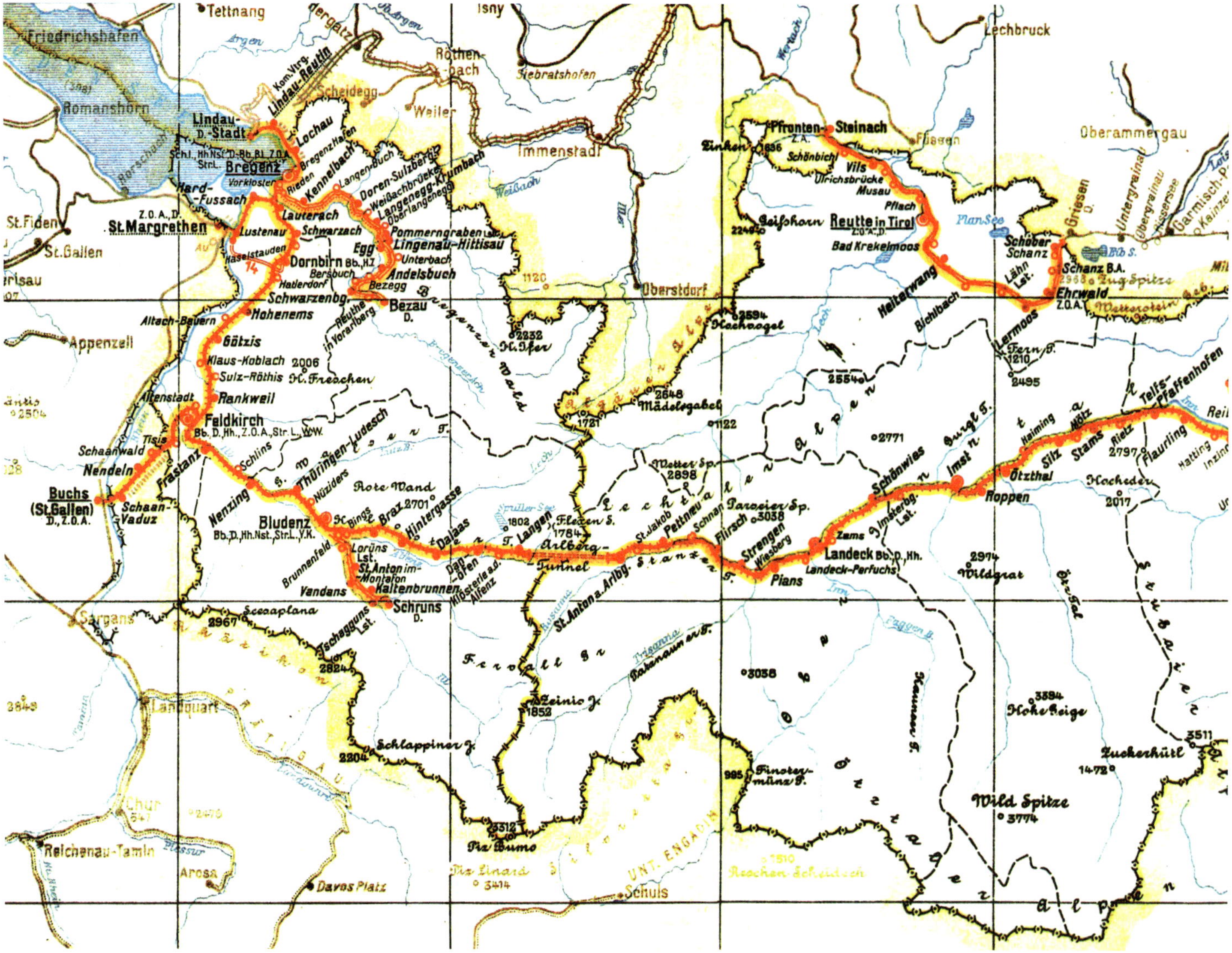
Friedrichshafen
Tettnang
Romanshorn
Lindau-D.-Stadt
Lindau-Reutin
Bregenz
Lochau
Kennelbach
Hard-Fussach
St.Margrethen
St.Gallen
Lauterach
Lustenau
Schwarzach
Dornbirn
Egg
Lingenau-Hittisau
Andelsbuch
Bezau
Hohenems
Götzis
Klaus-Koblach
Sulz-Röthis
Rankweil
Altenstadt
Feldkirch
Appenzell
Tisis
Schaanwald
Nendeln
Buchs (St.Gallen)
Schaan-Vaduz
Frastanz
Nenzing
Thüringen-Ludesch
Bludenz
Brunnenfeld
Lorüns
St.Anton im Montafon
Vandans
Kaltenbrunnen
Schruns
Dalaas
Langen
Arlberg-Tunnel
St.Anton a. Arlbg.
St.Jakob
Pettneu
Schnan
Flirsch
Strengen
Wiesberg
Pians
Landeck
Landeck-Perfuchs
Zams
Schönwies
Imst
Roppen
Ötzthal
Silz
Haiming
Stams
Rietz
Telfs-Pfaffenhofen
Immenstadt
Oberstdorf
Isny
Weiler
Scheidegg
Röthenbach
Pfronten-Steinach
Vils
Reutte in Tirol
Heiterwang
Bichlbach
Lermoos
Ehrwald
Schanz
Griesen
Lechbruck
Oberammergau
Garmisch-P.
Sargans
Landquart
Chur
Reichenau-Tamin
Arosa
Davos Platz
Schuls
UNT. ENGADIN
Wild Spitze
3774
Zuckerhütl
3511
Scesaplana
2967
Piz Buin
3312
Piz Linard
3414
Fimbertal
Schlappiner J.
2204
2824
1852

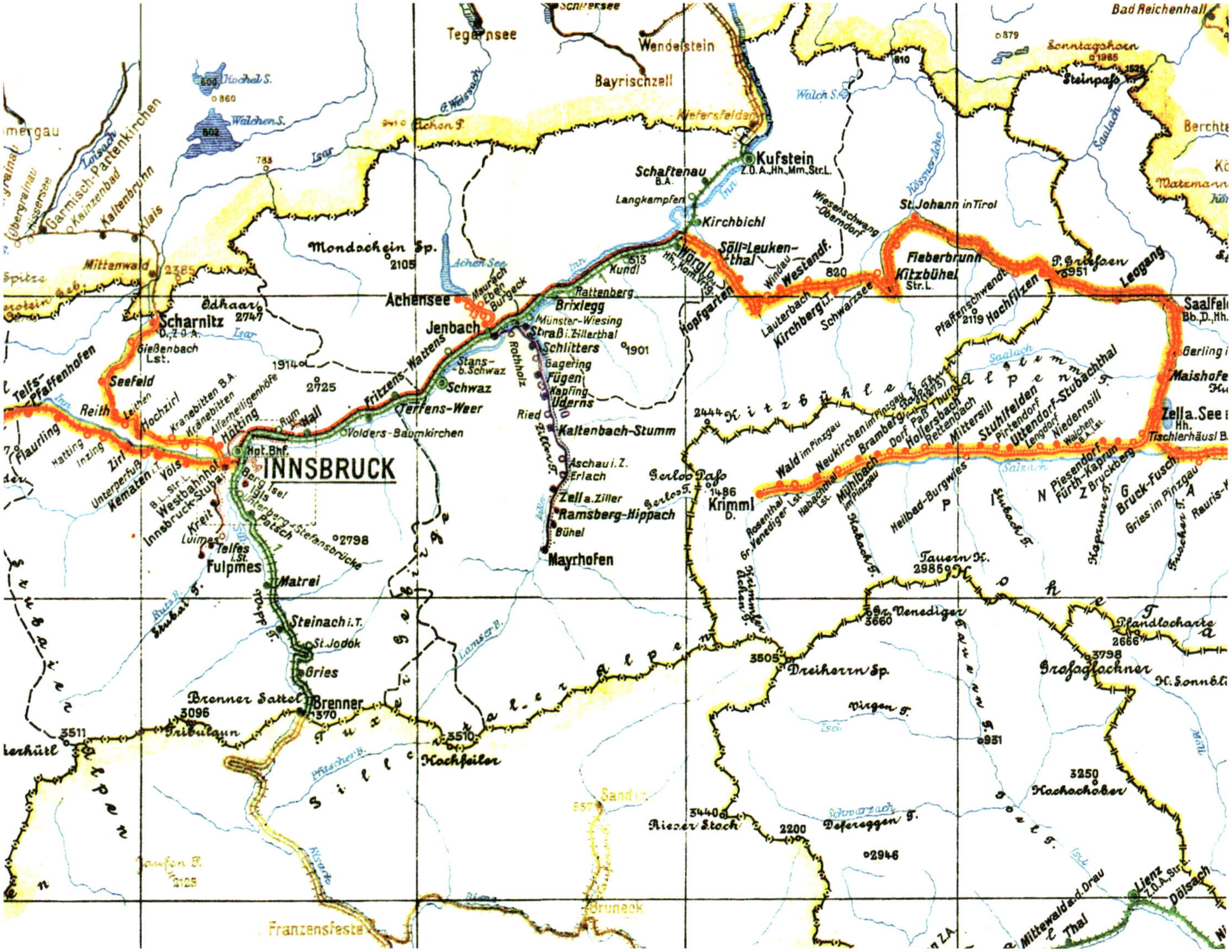
Tegernsee
Wendelstein
Bayrischzell
Bad Reichenhall
Kochel S.
Walchen S.
Garmisch-Partenkirchen
Kaltenbrunn
Klais
Mittenwald
Scharnitz
Gießenbach
Seefeld
Reith
Hochzirl
Telfs-Pfaffenhofen
Flaurling
Zirl
Kematen
Völs
Hötting
Kranebitten
Allerheiligenhöfe
Hall
Rum
INNSBRUCK
Hpt. Bhf.
Westbahnhof
Innsbruck-Stubai
Berg Isel
Igls
Patsch
Kreit
Telfes
Fulpmes
Matrei
Steinach i. T.
St. Jodok
Gries
Brenner
Brenner Sattel
Tribulaun
Hochfeiler
Franzensfeste
Bruneck
Volders-Baumkirchen
Fritzens-Wattens
Terfens-Weer
Schwaz
Stans-b. Schwaz
Jenbach
Achensee
Achen See
Maurach
Eben
Burgeck
Mondschein Sp.
Brixlegg
Rattenberg
Münster-Wiesing
Straß i. Zillerthal
Schlitters
Gagering
Fügen
Kapfing
Uderns
Ried
Kaltenbach-Stumm
Aschau i. Z.
Erlach
Zell a. Ziller
Ramsberg-Hippach
Bühel
Mayrhofen
Kundl
Wörgl
Hopfgarten
Kirchbichl
Langkampfen
Schaftenau
Kufstein
Kiefersfelden
Söll-Leukenthal
Westendf.
Windau
Lauterbach
Kirchberg i. T.
Schwarzsee
Kitzbühel
St. Johann in Tirol
Fieberbrunn
Pfaffenschwendt
Hochfilzen
P. Griesen
Leogang
Saalfelden
Gerling
Maishofen
Zell a. See
Tischlerhäusl
Steinpaß
Sonntagshorn
Kitzbüheler Alpen
Wald im Pinzgau
Neukirchen im Pinzgau
Bramberg
Mühlbach
Hollersbach
Mittersill
Stuhlfelden
Uttendorf-Stubachthal
Niedernsill
Piesendorf
Fürth-Kaprun
Bruckberg
Bruck-Fusch
Krimml
Gerlos Paß
Rosenthal
Tauern H.
Gr. Venediger
Dreiherrn Sp.
Großglockner
Virgen T.
Defereggen T.
Rieser Stock
Hochschober
Lienz
Dölsach
Mittewald a. d. Drau
Zillerthaler Alpen

feld des Ständers wird bei den Motoren allerdings in die durch die Bürsten (Spannungszuführung) kurzgeschlossenen Wicklungen des Ankers Spannung induziert. Das führt zur Funkenbildung am Kommutator. Erst nach Entwicklung spezieller Motoren mit Zusatzwicklungen glaubte man, das Problem in den Griff bekommen zu haben und setzte Wechselspannung mit der Frequenz des öffentlichen Netzes erstmals bei der Stubaitalbahn ein. Dieses System funktionierte zwar grundsätzlich, allerdings war die Lebensdauer der Motoren sehr kurz. Durch eine Verringerung der Frequenz verbesserte sich die Situation, daher wurden die weiteren Bahnen mit geringerer Frequenz elektrifiziert, so etwa im Dezember 1906 die Lokalbahn von Wien nach Baden mit 16 2/3 Hz und im Jahr 1912 die Mittenwaldbahn mit 15 Hz.

In Tirol steht genügend Wasserkraft zur Stromerzeugung zur Verfügung, daher begann hier und im benachbarten Bayern der elektrische Betrieb auf Vollbahnen. Zur gemeinsamen Betriebsführung zwischen Österreich und Deutschland legte man ein einheitliches Stromsystem in gemeinsamen Verhandlungen als Norm fest. Als Erstes wurden 10 kV Wechselspannung mit 25 Hz, dann 15 Hz als Frequenz vorgesehen; letztlich wurden 15 kV Spannung und 16 2/3 (heute 16,7) Hz zur Norm.

Bei der Fahrleitung bestand jedoch ein Unterschied. Die Tunnel der Bahn hatten in Österreich ein kleineres Profil als in Deutschland, daher bekam die Fahrleitung hier ein Zick-Zack (Toleranzbereich des Fahrdrahtes) von 1746 Millimeter, in Deutschland dagegen eines von 2100 Millimeter. Dies erforderte eine entsprechende Dimension des Schleifstücks am Stromabnehmer, aus diesem Grund konnten die Lokomotiven nur im jeweiligen Land und in den Übergangsbahnhöfen verkehren. Bei der Eingliederung der österreichischen Bahnen am 18. März 1938 in die Deutsche Reichsbahn verhinderte dieser Unterschied den freien Einsatz der Elektrolokomotiven. Daher kam es zur Entwicklung eines neuen Stromabnehmers, der im gesamten Land einsetzbar war und die geringsten Kosten beim Umbau der Fahrleitung erforderte. In Österreich mussten dazu einzelne Tunnel umgebaut werden.

Das Zick-Zack-Problem besteht in Europa heute noch. So hat etwa die Schweiz ein kleineres Zick-Zack, was bei Elektrolokomotiven einen eigenen Bügel für die Schweiz erfordert.

Seite 8/9: Eisenbahnkarte der Republik Österreich aus dem Jahr 1922 (Ausschnitt).

Die Hauptbahnen in Tirol

Von der Landesgrenze in Hochfilzen bis Wörgl (63,141 Kilometer)

Die aus Salzburg kommende Strecke überschreitet im Bahnhof Hochfilzen in Kilometer 129,664 die Landesgrenze von Salzburg und Tirol. Hier liegt in 970 Meter Seehöhe der höchste Punkt der Strecke. Nun geht es entlang der Fieberbrunner Ache abwärts bis Kitzbühel. Anschließend folgt die Bahn über Kirchberg in Tirol und Hopfgarten bis Kilometer 192,405 dem Brixental. Ab Wörgl (506,629 Meter Seehöhe) fährt sie im Inntal.

Die Verbindung von Salzburg bis Wörgl im Inntal sollte ursprünglich durch eine Gesellschaft mit dem Namen Gisela-Bahn geschaffen werden. Letztlich erhielt die Kaiserin Elisabeth-Bahn am 10. November 1872 die Konzession für diese Strecke. Die k. k. priv. Kaiserin Elisabeth-Bahn war am 21. Juni 1856 gegründet worden und baute die Strecken von Wien bis Salzburg und von Wels nach Passau. 1873 begannen die Bauarbeiten bis Wörgl. Die Prüfung der Bahn fand vom 13. bis 29. Juli 1875 statt, die Inbetriebnahme am 6. August 1875. Wirtschaftliche Probleme erforderten ab 1873 eine stetig steigende staatliche Unterstützung der Kaiserin Elisabeth-Bahn. Am 1. Jänner 1881 übernahm die Staatsverwaltung den Betrieb, am 1. Jänner 1882 das Eigentum aller Strecken dieser Gesellschaft.

Auf der ursprünglich eingleisigen Strecke wurde vom 3. Juli 1914 bis 25. August 1915 abschnittsweise das zweite Streckengleis in Betrieb genommen.

Nach dem Ersten Weltkrieg setzte man Pläne um, den Kohleverbrauch durch die Einführung des Elektrobetriebs zu senken. Die Elektrifizierung begann in Innsbruck und erreichte 1928 diese Strecke. Nach Fertigstellung der Fahrleitung wurde diese am 31. Jänner 1928 unter Spannung gesetzt, am 7. März 1928 geprüft und am 3. April 1928 der elektrische Betrieb aufgenommen. 1939 wurde die Fahrleitung so umgebaut, dass sie ab 2. November 1939 mit allen Loks mit neuem Bügel befahrbar war. Gegen Kriegsende kam es zu einigen Beschädigungen an der Strecke.

Nach 1945 wurden die Schäden behoben und die während der Kriegszeit unterlassenen Erhaltungsarbeiten nachgeholt. Die Strecke wird laufend verbessert und ist heute abschnittsweise mit 120 km/h befahrbar.

1245.511 und 1020.14 fahren am 12. März 1986 nach der Haltestelle Schwarzsee Richtung Wörgl. Links vom Zug ist der zugefrorene Schwarzsee zu erkennen.

1020.41 und eine 1110 plagen sich am 5. November 1984 die 22 Promille Steigung beim Blockvorsignal des Blockpostens Hochfilzen 1 bergauf und werden gleich die Haltestelle Pfaffenschwendt durchfahren.

Der Ex 145 Andreas Hofer mit Triebwagen 4010 019 und 4010 021 konnte am 30. Juni 1990 kurz vor dem Einfahrsignal Fieberbrunn fotografiert werden.

Am 5. Dezember 2019 ist der 4758 021 bei Fieberbrunn bei einer Messfahrt unterwegs. An den Fenstern der Wagen erkennt man die Messleitung zu den Drehgestellen.

Von der Staatsgrenze bei Kufstein bis zur Staatsgrenze bei Brennersee (111,663 Kilometer) und Umfahrungsbahn Innsbruck (7,28 Kilometer)

In Kufstein in 482,929 Meter Seehöhe beginnt an der Staatsgrenze in Kilometer 0,000 die in Österreich verlaufende Bahn und gelangt im Inntal bis Innsbruck. Vor Innsbruck biegt sie nach Süden ab und führt über eine Viaduktpassage mit 183 Öffnungen zum in 582,697 Meter Seehöhe gelegenen Hauptbahnhof. Dann strebt die nun auch Brennerbahn genannte Strecke im Wipptal aufwärts und passiert in Kilometer 111,663 die Staatsgrenze. In Kilometer 112,185 wird in 1370,844 Meter Seehöhe der höchste Punkt im bereits in Italien liegenden Bahnhof Brenner erreicht.

Die Umfahrungsbahn Innsbruck führte vom Westkopf im Bahnhof Hall in Tirol am verbauten Gebiet der Stadt Innsbruck vorbei zum Südkopf des Hauptbahnhofs und mündete dort in die Brennerbahn ein.

Ab 1841 war es das Anliegen des Staates, Eisenbahnen aus volkswirtschaftlichen oder strategischen Gründen selbst zu bauen, so wurde 1847 eine Nord-Süd-Verbindung über die Alpen geplant. Am 21. Juni 1851 schlossen Österreich und das Königreich Bayern einen Staatsvertrag ab, der in Kufstein die Verbindung der in Österreich Richtung Süden mit der in Bayern Richtung Norden führenden Bahn vorsah. Zur Realisierung der Strecke von Verona über Bozen und Innsbruck nach Kufstein gründete der Staat am 23. April 1853 die k. k. Nordtiroler Staatsbahn. Der Auftrag zum Bau auf Staatskosten der Linie von Wörgl nach Innsbruck wurde am 29. April 1853 erteilt und am 16. August 1854 um die Strecke von Kufstein nach Wörgl erweitert. Die Bauleitung übernahm Carl von Ghega. Die Strecke in Bayern von Rosenheim über die Staatsgrenze bis Kufstein wurde am 5. August 1858, jene in Österreich von Kufstein bis Innsbruck am 24. November 1858 eröffnet. Die Bahn in Österreich war eingleisig, das Planum für ein zweites Gleis vorbereitet.

In dieser Zeit hatte der Staat Finanzprobleme, die er durch die Privatisierung der Staatsbahnen löste. Die Nordtiroler Staatsbahn wurde am 23. September 1858 an das Creditanstalt-Konsortium verkauft und am 1. Jänner 1859 von der k. k. priv. südlichen Staats-, lombardisch-venetianischen- und centralitalienischen Eisenbahn-Gesellschaft übernommen. Gleichzeitig wurde der Bau der Verbindung über den Brenner von Innsbruck nach Bozen verlangt. Als Folge des Sardinischen Krieges trat Österreich am 10. November 1859 (Frieden von Zürich) die Lombardei an Napoleon III. ab, der sie dann an das Königreich Sardinien übergab, wodurch die Strecken der Gesellschaft auf zwei Staaten zu liegen kamen. Das führte am 20. Juni 1862 zur Teilung der Gesellschaft. Die nun für Österreich zuständige Gesellschaft erhielt den Namen k. k. priv. Südbahn-Gesellschaft.

1861 wurden erste Pläne zum Bau der Brennerbahn erstellt. Am 27. September 1862 legte man das Projekt beim Handelsministerium vor, im Anschluss begannen die Bauarbeiten der 125,239 Kilometer langen Strecke von Innsbruck nach Bozen. Am 9. Mai 1867 fuhr von Innsbruck aus die erste Lok durch den Bergiseltunnel, am 25. Juli 1867 erreichte der erste Probezug von Innsbruck aus den Bahnhof Brenner. Am 17. August 1867 wurde der Güterverkehr aufgenommen und am 24. August 1867 die Strecke für den Personenverkehr eröffnet. Die Strecke war grundsätzlich eingleisig und hatte einen Bahnkörper für zwei Gleise. Einzig zwischen Steinach in Tirol und Brenner bestehen seit der Eröffnung (bis heute) zwei Streckengleise.

Die Staatsbahn schloss mit der Südbahn am 6. Juni 1883 einen Vertrag über die Mitbenützung der Strecke von Wörgl nach Innsbruck ab, dies ermöglichte den durchgehenden Zugsverkehr der Staatsbahn zur neuen Strecke nach Vorarlberg. Der Verkehrsanstieg aufgrund dieser durchgehenden Verbindung nach Lindau ab 6. September 1884 erforderte den zweigleisigen Ausbau der Strecke zwischen Wörgl und Innsbruck. Die Inbetriebnahme erfolgte in Teilen zwischen dem 7. Juni 1891 und dem 8. Oktober 1891.

Die Fertigstellung des zweiten Gleises auf der Brennerbahn nahm man abschnittsweise zwischen dem 17. August 1867 und dem 13. August 1901 vor.

Von Bayern her gibt es von Kiefersfelden über die Staatsgrenze bis Kufstein seit 1. April 1908 das zweite Streckengleis.

Nach dem Zerfall der Monarchie kam das Streckennetz der Südbahn in vier verschiedenen Staaten zu liegen, daher übernahm der Staat Österreich am 1. Jänner 1924 die Betriebsführung und Erhaltung der Österreichischen Südbahnstrecken, das Eigentum erst am 29. Mai 1964.

Die Elektrifizierung dieser Strecke begann mit der Aufstellung des ersten Fahrleitungsmastes östlich von Innsbruck am 11. März 1926. Am Hauptbahnhof in Innsbruck waren ab der Eröffnung der Mittenwaldbahn nur zwei Gleise am Westkopf mit Fahrleitung ausgerüstet, mit der Eröffnung des elektrischen Betriebs der Arlbergbahn folgten ab 1. Juni 1924 weitere Gleise. Vom 8. März 1926 bis zum 15. Jänner 1927 wurde die Fahrleitung abgeschaltet und in dieser Zeit der gesamte Hauptbahnhof mit Fahrleitung ausgerüstet. Ab 15. Jänner 1927 standen die Personenzugsgleise und ab 3. Mai 1927 die Güterzugsgleise wieder in Betrieb. Von Innsbruck aus begann der Elektrobetrieb bis Hall in Tirol am 23. Februar 1927, weiter bis Wörgl am 16. März 1927. Am 9. Juni 1927 war Kufstein erreicht. Von Bayern her besteht der Elektrobetrieb seit 15. Mai 1927.

Bei der Elektrifizierung der Brennerbahn ergab sich das Problem, dass der Bahnhof Brenner der italienischen Bahnen damals mit Drehstrom und zweipoliger Fahrleitung ausgerüstet war. Die Adaptierung zumindest eines Gleises auf eine einpolige Fahrleitung und Wechselstrom wurde nicht gestattet, daher baute die Österreichische Bahn kurz vor der Staatsgrenze den Lokwechselbahnhof Brennersee. Bis hierher gab es ab 6. Oktober 1928 elektrischen Betrieb, für die letzten 1,298 Kilometer bis zum Bahnhof Brenner in Italien übernahm eine Dampflokomotive den Zug. Dieser Zustand blieb so bis zur Fertigstellung einer Übergabeanlage im Bahnhof Brenner und bis zur Inbetriebnahme des österreichischen Stromsystems am 1. April 1934 bis dorthin.

Nach dem „Anschluss“ war man bestrebt, kurzfristig deutsche Lokomotiven bis Innsbruck einzusetzen. Dafür war es notwendig, den Tunnel bei Rattenberg so umzubauen, dass auch deutsche Lokomotiven mit größeren Bügeln bis Innsbruck fahren konnten. Dann wurde die Fahrleitung für die neuen Bügel adaptiert und am 15. Mai 1939 fertiggestellt. Als Nächstes erfolgte der zweigleisige Ausbau von Kufstein bis Wörgl. Dies hätte bereits 1925 umgesetzt werden sollen, war aber unterblieben. Im Juli 1938 begannen die Planungen, im Mai 1939 der Bau. Realisiert wurde eine teilweise Neutrassierung der Strecke. Am 19. August 1939 erfolgte mit Ausnahme der Innbrücke, die erst am 10. Dezember 1940 fertiggestellt war, die Inbetriebnahme des zweiten Streckengleises.

Militärstrategen befürchteten einen möglichen Totalausfall des elektrischen Betriebs und verlangten daher am 2. August 1939 die Wiederherstellung der für den Dampflokbetrieb erforderlichen Anlagen auf der Brennerbahn bis 1940. Für den Militärverkehr wurde in Thaur ein Bahnhof mit neun Gleisen gebaut, der vom 15. Juli 1942 bis 24. Jänner 1950 in Betrieb war. Weiters befürchtete man, dass durch Bombentreffer die Bahnanlagen in Innsbruck (Viadukt und Bahnhof) unbefahrbar werden könnten. Daher errichtete man als Abhilfe die Umfahrungsbahn von Hall bis zum Bergiseltunnel. Sie war im Herbst 1944 fertig, wurde nach Kriegsende nicht mehr benützt und 1956 wieder abgetragen. Zu größeren Kriegsschäden kam es in Wörgl, Hall in Tirol und Innsbruck Hauptbahnhof.

Zwischen 1945 und 1950 wurden diese Schäden behoben, danach passte man die Bahn den laufenden Erfordernissen an, dazu gehörten auch die Erweiterungen der Bahnhöfe Wörgl, Hall in Tirol und Innsbruck Hauptbahnhof sowie der Bau der LKW-Verladestelle Terminal Brennersee. Seit etwa 1990 wird aufgrund des hohen Verkehrsaufkommens der Ausbau der Strecke gefordert. Dieser erfolgt aktuell in Form einer zusätzlichen zweigleisigen Neubaustrecke.

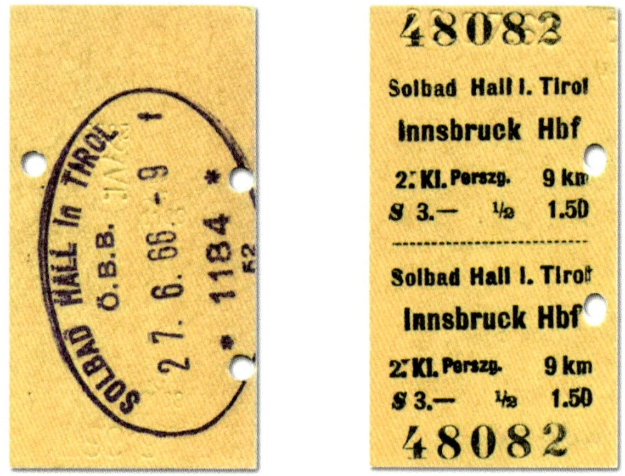

Zwei im Bahnhof Hall in Tirol am 27. Juni 1966 ausgegebene Kartonkarten. Links die Markierung mit Bahnhofsstempel (bei Nichtfunktionieren der Prägemaschine), rechts die Markierung mit Prägemaschine. Originalgröße: 30 x 56 Millimeter.

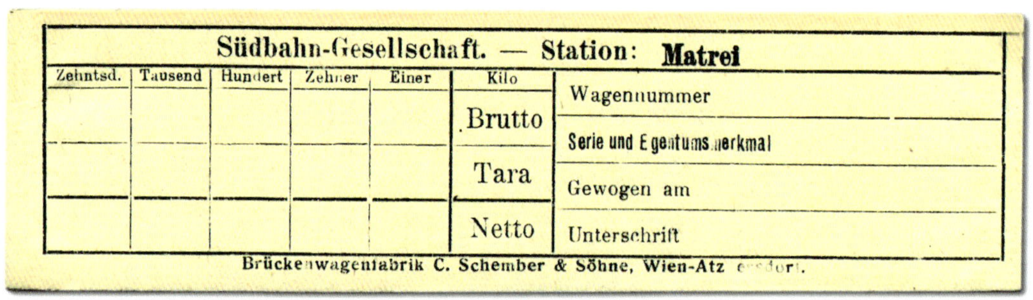

Südbahn-Gesellschaft. — Station: Matrei

Zehntsd.	Tausend	Hundert	Zehner	Einer	Kilo	
					Brutto	Wagennummer
						Serie und Eigentumsmerkmal
					Tara	Gewogen am
					Netto	Unterschrift

Brückenwagenfabrik C. Schember & Söhne, Wien-Atzgersdorf.

Wiegekarte der Gleisbrückenwaage Matrei. Diese Karten steckte man beim Wiegen in die Waage, das Gewicht des Wagens wurde aufgedruckt. Originalgröße: 140 x 40 Millimeter.

1216 012 und ein Schnellzug verlassen am 10. Juli 2016 den Bahnhof Kufstein Richtung Innsbruck. Im Hintergrund wartet die 187 301 auf den nächsten Einsatz. Die aus dem 12. Jahrhundert stammende Festung Kufstein überragt den Bahnhof.

Hinter der Selbstblockstelle Kufstein 3 sind am 6. März 2021 der Güterzug des Eisenbahnverkehrsunternehmens TX Logstik mit den Loks 193 553 und 193 550 Richtung Innsbruck und am Nebengleis der Triebwagenzug 4024 026 mit einem Regionalzug nach Kufstein unterwegs.

Bei Jenbach führt die Achenseestraße mit dieser markanten Brücke über Inn und Bahn. 1670.05 passiert am 31. August 1958 mit einem Güterzug diese Brücke. Am Bild sieht man, dass (von der Betriebsaufnahme bis zum 2. Juli 1996) auf der Strecke links gefahren wurde.

1670.11 und 1670.14 haben am 28. August 1954 mit Ex 112 den Hauptbahnhof in Innsbruck verlassen und passieren nun die Brücke über den Inn bei der Fahrt Richtung Wörgl. Im Vordergrund ist die Strecke der Straßenbahnlinie 4 nach Hall in Tirol zu sehen.

Vor der prächtigen Kulisse der Nordkette verschiebt am 8. September 1971 beim Stellwerk 1 in Innsbruck Hauptbahnhof die Garnitur 6030.01 mit 4030.01.

Bei Matrei fahren am 20. Mai 1975 1020.01 und eine weitere 1020 mit einem Güterzug talwärts.

Die 1016 045 zieht am 8. Mai 2009 kurz vor der Haltestelle St. Jodok die RoLa 57 333 bergwärts. Die Bogenbrücke im Hintergrund ist Teil der Brennerautobahn.

In der Haltestelle St. Jodok hält am 8. Mai 2009 der Regionalzug 5207 mit 4024 071 bei der Bergfahrt. Diese Haltestelle besteht seit 7. Juli 1880.

Bei St. Jodok nützt die Brennerbahn das Tal des Schwimmbaches, um mit einer Schleife Höhe zu gewinnen. Am 13. Juli 2013 schiebt die 1216 025 einen mit zwei Loks der Reihe 1216 bespannten Güterzug bergwärts im Bereich dieser Schleife. Im Hintergrund präsentiert sich eine der Brücken der Brennerautobahn.

4020 108, 7020 108 und 6020 108 als Regionalzug 5218 passieren am 6. Jänner 1993 die ehemalige Lokwechselstelle Brennersee. Der Lokwechselbahnhof bestand vom 6. Oktober 1928 bis November 1937. Seit 1. Dezember 1989 gibt es südlich davon die Abladestelle für die Rollende Landstraße. Das am 2. Oktober 1928 in Betrieb genommene Aufnahmsgebäude des Bahnhofs Brennersee wird heute noch für die Abladestelle verwendet. Die Lok im Hintergrund steht dort am Ende des Ausziehgleises.

Im Bahnhof Brenner wartet die Drehstromlok 432 032 mit Zug 541 am 5. September 1958 auf die Fahrt Richtung Bozen. Gut zu sehen die für den Drehstrombetrieb erforderliche zweipolige Fahrleitung. Der Drehstrombetrieb endete am 30. Juni 1965.

Neubaustrecke von der Staatsgrenze bei Kufstein bis zur Staatsgrenze im Brennerbasistunnel (51,318 Kilometer in Betrieb)

Der bereits fertige Teil dieser Bahnstrecke beginnt in Kilometer 25,722 in der Abzweigung Knoten Radfeld, senkt sich dann ab und führt im 15,978 Kilometer langen Münsterertunnel bis zur Abzweigung Knoten Stams, wo eine Verknüpfung mit der alten Strecke besteht. Im Anschluss daran senkt sich die Strecke wieder und gelangt im 15,886 Kilometer langen Terfnertunnel (der aus zwei Abschnitten und einer 1,330 Kilometer langen Galerie besteht) bis zur Abzweigung Fritzens-Wattens 2. Auch hier gibt es eine Verknüpfung mit der ursprünglichen Strecke. Nun steigt die Bahn an, übersetzt den Inn und gelangt durch den 12,756 Kilometer langen Inntaltunnel zur Abzweigung Innsbruck Hauptbahnhof 1, wo sie in Kilometer 79,646 in die Brennerbahn mündet.

Der starke Anstieg des Transitverkehrs durch das Inntal und über den Brenner erforderte eine völlig neue Lösung. Da der Bau weiterer Streckengleise im engen Inntal nicht möglich war, kam es zur Planung, die neue zweigleisige Strecke unterirdisch zu realisieren und den Brenner mit einem Basistunnel zu unterfahren.

Am dringendsten benötigte man eine Umfahrung der Stadt Innsbruck, die durch die Schleife von der Abzweigung Fritzens-Wattens 2 bis zur Abzweigung Innsbruck Hauptbahnhof 1 realisiert wurde. Am 22. September 1989 begannen die Bauarbeiten, am 28. Mai 1994 wurde die zweigleisige, elektrisch betriebene Strecke eröffnet.

Die Arbeiten am nächsten Streckenabschnitt, von der Abzweigung Knoten Radfeld bis zur Abzweigung Fritzens-Wattens 2, wo der Anschluss an die vorher genannte Schleife erfolgte, starteten am 2. Oktober 2002, die Eröffnung erfolgte am 26. November 2012.

Die durch den Brennerbasistunnel weiterführende Strecke erhält im Bereich Innsbruck je eine Zufahrt von der bereits fertigen Strecke im Unterinntal und vom Hauptbahnhof in Innsbruck. Am 2. Mai 2012 begann mit dem Anschlag des Fensterstollens Ampass der Bau des Brennerbasistunnels. Im August 2020 starteten die Arbeiten an der Zulaufstrecke von Innsbruck Hauptbahnhof durch die Sillschlucht zum Basistunnel. Von Südtirol her erreichte am 24. November 2021 die erste Tunnelröhre die österreichische Staatsgrenze.

Der Streckenabschnitt von Deutschland bis zum Knoten Radfeld ist derzeit in Planung.

Beim Bau der unterirdischen Neubaustrecke im Inntal entstand am 24. Oktober 2006 dieses Bild der Vortriebsstelle bei Fritzens-Wattens.

Eröffnung der Tunnelstrecke im Inntal am 26. November 2012. 4024 061 und 1116 249 bei Radfeld.

Der erste Teil der Neubaustrecke ermöglichte es, Güterzüge um das Stadtgebiet von Innsbruck zu führen. Am 20. März 2014 passieren bei der Fahrt zur Brennerstrecke 1116 182 und eine weitere 1116 mit einem Güterzug die Innbrücke. Diese Brücke trägt wegen des trogartigen Aussehens den wenig schmeichelnden Spitznamen Sautrog.

So präsentierte sich die Baustelle bei der Tunneleinfahrt der Zulaufstrecke vom Hauptbahnhof in Innsbruck zum Brennerbasistunnel am 24. März 2022.

Von der Landesgrenze bei Oberdrauburg bis zur Staatsgrenze nach Weitlanbrunn (49,299 Kilometer)

Die Strecke ist der in Osttirol liegende Teil der Südbahnstrecke von Marburg nach Franzensfeste und passiert die Landesgrenze nach Osttirol in Kilometer 253,653 hinter dem Bahnhof Oberdrauburg. Die Bahn führt entlang der Drau aufwärts bis zur Staatsgrenze in Kilometer 302,952 nach der Haltestelle Weitlanbrunn.

Die Südbahn baute eine Bahnstrecke von Marburg (Maribor) bis Villach und sollte diese unter finanzieller Beteiligung des Staates mit Franzensfeste auf der Brennerbahn im heutigen Italien verbinden. Sie erhielt am 1. September 1872 die Konzession. Am Abschnitt in Osttirol begann man mit den Arbeiten an der Strecke im Jahr 1868, die Prüfung der eingleisigen Strecke erfolgte am 12. November 1871, die Eröffnung am 20. November 1871.

Die Bahn wurde in weiten Bereichen neben der Drau gebaut, was immer wieder zu Hochwasserschäden führte. So wurde die Bahn zwischen 16. und 20. September 1882 sowie zwischen 28. und 30. Oktober 1882 an 139 Stellen zerstört, was zu einer Betriebsunterbrechung bis 27. Jänner 1883 führte.

Nach dem Ersten Weltkrieg sank die Bedeutung der Strecke. Zur Verkehrsverbesserung plante die Staatsbahn den Einsatz von Leichttriebwagen, der hier am 14. Oktober 1933 genehmigt wurde.

Während des Zweiten Weltkrieges plante man die Verlängerung mehrerer Bahnhöfe, realisierte die Adaptierungen jedoch wegen Materialmangels nicht. Tragische Folgen hatte das Hochwasser der Drau am 28. September 1942. In Kilometer 259,6 nach Nikolsdorf wurde der Bahndamm unterwaschen, was zum Absturz des Zuges 615 führte. Unter den 21 Toten des Unglücks befand sich auch der Lokomotivführer, der 30 Jahre vorher den Untergang der Titanic überlebt hatte.

Durch das Führen direkter Züge von Innsbruck nach Lienz ab 15. November 1948 versuchte man, den Verkehr auf der Strecke zu verbessern. Die Elektrifizierung unterblieb jedoch, da wegen des abweichenden Stromsystems in Italien ein zweimaliger Lokwechsel bis Innsbruck notwendig gewesen wäre. Erst nach der Umstellung des italienischen Stromsystems von Drehstrom auf Gleichstrom und als genügend Mehrsystemlokomotiven vorhanden waren, begannen 1987 diese Arbeiten und führten zur Aufnahme des elektrischen Betriebs von der Landesgrenze bis Lienz am 4. Dezember 1988 und von Lienz bis zur Staatsgrenze am 28. Mai 1989. Heute ist die Linie eine zeitgemäß ausgerüstete Hauptstrecke mit einer modernen Betriebsführung.

Am 9. August 1958 durcheilt 33.111 mit Zug 10 004 den Bahnhof Nikolsdorf. Die Lage des Bahnhofs am Ufer der Drau erklärt, warum hier beim Hochwasser am 20. September 1882 die Gleise und auch das Aufnahmsgebäude zerstört wurden.

Das Einfahrsignal des Bahnhofs Abfaltersbach zeigt am 16. August 1956 dem Güterzug 3190 mit 258.914 als Zuglok und 2045.08 als Nachschiebelok die Einfahrt mit Streckenhöchstgeschwindigkeit an. Die Steigung beträgt hier 23 Promille.

Im Bahnhof Abfaltersbach hält am 24. August 1959 2045.08 mit einem Personenzug.

Am 14. Juli 2007 wartet im Bahnhof Abfaltersbach der NG 69 504, bespannt mit 1116 259 und 1163 014, auf die Vorbeifahrt des Regionalzuges mit 1142 628.

Im Bahnhof Innichen, der bereits in Italien liegt, erfolgt der Wechsel der österreichischen und italienischen Lokomotiven. Am 10. August 1956 ist der Zug nach Österreich bereits mit der 33.138 bespannt, während daneben die italienische 740.107b verschiebt.

Unfertige Strecke von Landeck zur Staatsgrenze am Reschenpass (47 Kilometer)

Die Bahn sollte den Alpenhauptkamm übersetzen, dafür in Landeck-Zams von der Arlbergbahn abzweigen, dann nach Süden zuerst den Inn, ab der Kajetansbrücke den Stillebach entlang ansteigen und vor dem Reschenpass die heutige Staatsgrenze nach Italien in etwa 1480 Meter Seehöhe überschreiten.

Seit 1891 gab es Pläne einer Eisenbahn von Landeck-Zams im Inntal über den Reschenpass, der damals den Namen Reschenscheideck trug, ins Etschtal bis Meran. Am 1. Juli 1906 wurde in Südtirol die Vinschgaubahn von Meran bis Mals eröffnet, sodass nur die etwa 90 Kilometer lange Strecke über den Pass zu bauen blieb. 1909 war die Planung der Bahn abgeschlossen, doch der Bau verschob sich immer wieder, schließlich setzte der Beginn des Ersten Weltkrieges allen Bemühungen ein Ende. 1918 wurde diese Strecke zur Entlastung der Brennerbahn dringend benötigt, und so begann man am 1. April 1918 mit den Arbeiten an der Bahn zwischen Landeck und Tösens. Der Bau wurde vom Kriegsende im November bis zum Dezember 1918 unterbrochen und am 31. Dezember 1924 eingestellt. Danach erfolgten nur mehr Erhaltungs- und Sicherungsarbeiten.

1944 verlangte die Wehrmacht eine leistungsfähige Verkehrsverbindung zwischen Landeck und Mals. Der Bau der gesamten Bahn war das Ziel, konnte kriegsbedingt jedoch nicht realisiert werden. Daher plante man als schnelle Lösung die Fertigstellung der Bahn bis zur Kajetansbrücke hinter Pfunds, eine Materialseilbahn von der Kajetansbrücke bis Nauders und eine O-Bus-Linie von der Kajetansbrücke bis Mals. Mit den Arbeiten begann man noch Ende 1944, sie sollten bis 1. Juli 1945 abgeschlossen sein. Mit Kriegsende April/Mai 1945 wurde der Bau jedoch eingestellt und nicht mehr aufgenommen. Fertig waren zu diesem Zeitpunkt 1,5 Kilometer Oberbau und ein großer Teil des Unterbaus der Bahnstrecke. Von der Seilbahn waren Fundamente der Stützen sowie sieben Stützen und eine Spannstation zu 90 Prozent fertig, für den O-Bus waren bereits 8 Kilometer Fahrleitung gespannt und 426 Maste aufgestellt. Die Materialien des O-Busses kamen nach Kriegsende nach Innsbruck und wurden im dortigen O-Bus weiterverwendet.

Die Hauptbahn zwischen Tirol und Vorarlberg

Von Innsbruck Hauptbahnhof bis Bludenz (136,286 Kilometer) und von Innsbruck Hauptbahnhof Frachtenbahnhof bis Innsbruck Westbahnhof (0,940 Kilometer)

Die Bahn zweigt in Innsbruck Hauptbahnhof in 582,626 Meter Seehöhe auf der Strecke von Kufstein bis Brenner ab und verläuft auf der Südseite des Inns bis Landeck-Zams in 775,308 Meter Seehöhe. Kurz nach dem Bahnhof übersetzt die Bahn den Inn und führt im Tal der Rosanna mit bis zu 28 Promille Steigung zum Bahnhof St. Anton am Arlberg in 1302,400 Meter Seehöhe, dann folgt der Arlbergtunnel (Kilometer ursprünglich 100,127, heute 99,500). Im Tunnel liegen der Scheitelpunkt der Strecke in 1310,926 Meter Seehöhe in Kilometer 104,241 und die Landesgrenze von Tirol und Vorarlberg in Kilometer 105,762. Nach dem Ende des Tunnels in Kilometer 110,337 befindet sich der Bahnhof Langen am Arlberg in 1216,841 Meter Seehöhe. Danach fällt die Strecke mit bis zu 31 Promille auf der Nordseite des Klostertals ab und endet im Bahnhof Bludenz in 558,38 Meter Seehöhe.

Bereits 1845 plante man den Bau einer Strecke über den Arlberg, die von Verona über Bozen und Landeck nach Bregenz führen sollte. Per Gesetz vom 20. Mai 1869 wurde der Bau der Bahnen in Vorarlberg beschlossen, die Realisierung der Strecke nach Innsbruck aber auf später verschoben. 1871 wurden Planungen der Strecke von Innsbruck nach Bludenz in Angriff genommen, bis 1875 war das Projekt baureif. Dabei war die Strecke von Innsbruck bis Landeck unumstritten, das Projekt der Bergstrecke wurde aus Kostengründen mehrfach adaptiert. Statt einer zweigleisigen Bahn plante man nun eine eingleisige, und sie sollte weiter oben den Pass übersetzen, um damit einen kürzeren Tunnel zu ermöglichen. Selbst die Errichtung einer Zahnradbahn wurde erwogen. Schließlich legte Handelsminister Karl Freiherr von Korb-Weidenheim am 24. Jänner 1880 den Gesetzesentwurf für den Bau der Arlbergbahn dem Abgeordnetenhaus vor, das das Gesetz am 7. Mai 1880 sanktionierte. Am 16. Mai 1880 ordnete das Abgeordnetenhaus den Baubeginn an. In der Folge wurden die Bauverhandlungen abgewickelt und am 14. Juni 1880 mit dem Bau des Arlbergtunnels sowie am 15. November 1881 mit der Strecke im Inntal von Innsbruck bis Landeck-Zams begonnen. Die Talstrecke wurde zuerst fertiggestellt. Am 29. Mai 1883 fuhr der erste Materialzug von Innsbruck bis Landeck-Zams, am 15. Juni 1883 wurden die Brücken geprüft, bis 25. Juni 1883 die gesamte Strecke. Am 1. Juli 1883 erfolgte die Betriebsaufnahme. Es fand keine Eröffnungsfahrt statt, die Festgäste wurden in den ersten Zügen mitgenommen. Die Strecke war eingleisig und wurde bis zur Betriebsaufnahme der Bergstrecke vereinfacht als Nebenbahn betrieben.

Das wichtigste Bauwerk der Bergstrecke ist der Arlbergtunnel. Selbst Kaiser Franz Joseph I. besuchte am 11. August 1881 die Tunnelbaustelle (damals waren die Solestollen 2238,4 Meter lang und 930,9 Meter des Tunnels fertig). Der Durchschlag erfolgte am 19. November 1883, mit dem Setzen des Schlusssteins am 14. Mai 1884 waren die Arbeiten am Tunnel abgeschlossen.

Die Westrampe der Arlbergstrecke wurde am 1. August 1884 erstmals mit Lokomotiven befahren. Die Brücken der Strecke von Landeck-Zams nach Bludenz wurden vom 25. August bis 3. September 1884 geprüft, die Strecke am 4. und 5. September 1884. Den Güterverkehr nahm man am 6. September 1884 auf, nach vollständiger Fertigstellung der Schrankenanlagen und Glockenschlagsignale erfolgte am 21. September 1884 die feierliche Eröffnung des Personenverkehrs. Die gesamte Strecke war eingleisig, das zweite Streckengleis im Arlbergtunnel wurde am 15. Juli 1885 fertig. Auf der gesamten Arlbergbahn gab es ursprünglich elf Tunnel (heute 15) und 26 größere Brücken. 1884 betrug die Fahrgeschwindigkeit auf der Bergstrecke bei Schnellzügen 25 km/h, bei Personenzügen 18 bis 23 km/h und bei Güterzügen 11 bis 15 km/h (Vergleich zu heute: 70 km/h, auf den Neubauabschnitten bis 140 km/h).

Da der Betrieb auf der Bergstrecke immer wieder aufgrund von Muren und Lawinenabgängen unterbrochen war, kam es zu Streckenverlegungen beim Großtobeltunnel (7. November 1893), beim Moldertobeltunnel (22. April 1914) und beim Wildentobeltunnel (10. Oktober 1914). Ein besonders schweres Lawinenunglück, das zehn Menschenleben forderte, ereignete sich am 12. Jänner 1954 um 0.30 Uhr. Die Muttentobellawine traf den Bahnhof Dalaas sowie den im Bahnhof wartenden Eilzug und zerstörte dabei das Aufnahmsgebäude des Bahnhofs.

Im Arlbergtunnel führte fehlende Zugluft bei bestimmten Wetterlagen zur Ansammlung von Rauchgasen. Daher erprobte man bereits 1894 die Feuerung der Lokomotiven mit galizischem Erdöl statt Kohle und führte diese Feuerung ab 1896 ein.

Der technische Fortschritt im elektrischen Bahnbetrieb ermöglichte 1903 Planungen, den aufwendigen Dampfbetrieb auf der Arlbergbahn durch Elektrobetrieb zu ersetzen. Dabei bot die Industrie Systeme mit Gleichstrom, Wechselstrom mit 15 Hz oder 35 bis 45 Hz und Drehstrom mit 15 Hz, 24 Hz beziehungsweise 25 Hz an. Das Militär lehnte die Elektrifizierung jedoch ab, daher wurden diese Projekte nicht verwirklicht.

Da die Mittenwaldbahn elektrisch geführt wurde, stellte man auch den Abschnitt von Innsbruck Westbahnhof bis Hauptbahnhof am 20. März 1913 auf elektrischen Betrieb um.

Nach dem Ersten Weltkrieg mussten Kohle und Öl teuer importiert werden, daher wurden die Themen Elektrifizierung und Stromerzeugung durch die vorhandene Wasserkraft wieder aktuell, und nun stießen sie auch beim Militär nicht mehr auf Ablehnung. Das Elektrifizierungsgesetz vom 23. Juli 1920 sah ein umfassendes Elektrifizierungsprogramm vor, das die Strecke von Innsbruck über Bludenz nach Bregenz beinhaltete. Noch 1920 begannen die Bauarbeiten, dabei wurden die Bahnanlagen verbessert sowie Brücken verstärkt und erneuert. Die Eröffnung des elektrischen Betriebs erfolgte von Innsbruck Westbahnhof bis Telfs-Pfaffenhofen am 22. Juli 1923, von Telfs-Pfaffenhofen bis Landeck-Zams am 19. Mai 1924 (Probebetrieb ab 19. Dezember 1923), von Landeck-Zams bis St. Anton am Arlberg am 29. April 1925, von St. Anton am Arlberg bis Langen am Arlberg (Arlbergtunnel) am 20. November 1924 und von Langen am Arlberg bis Bludenz am 14. Mai 1925.

Die Strecke von Innsbruck nach Bludenz entsprach den betrieblichen Anforderungen und erforderte im Zweiten Weltkrieg keine wesentlichen Ergänzungen. Der Umbau der Fahrleitung für den neuen Bügel war am 15. April 1940 abgeschlossen. Militärstrategen befürchteten auch hier einen möglichen Totalausfall des elektrischen Betriebs und verlangten daher am 6. September 1939 die Wiederherstellung der für den Dampflokbetrieb erforderlichen Anlagen auf der Arlbergbahn. Diese Arbeiten wurden am 24. August 1940 abgeschlossen. Größere Kriegsschäden unterblieben, jedoch wurde beim Rückmarsch der deutschen Truppen einiges zerstört oder beschädigt. Ab 9. Mai 1945 war die Strecke wieder befahrbar.

In Innsbruck wurde die ursprüngliche Strecke, die zwischen Hauptbahnhof und Westbahnhof der heutigen Südbahnstraße folgend zum Westbahnhof führte und drei Straßen mit großen Schrankenanlagen kreuzte, zu einem immer größeren Verkehrshindernis. Bereits im Jahr 1906 plante Dipl.-Ing. Fritz Konzert eine neue zweigleisige Verbindung vom Personenbahnhof und eine eingleisige Verbindung vom Frachtenbahnhof zum Westbahnhof. Dieses Projekt erhielt den Namen Konzertkurve. Nach der Bauverhandlung am 17. September 1912 begannen im Herbst 1913 die Bauarbeiten, die bei Ausbruch des Ersten Weltkrieges beendet werden mussten. Erst nach dem Zweiten Weltkrieg bemüht man sich wieder um eine Realisierung. Nach der neuerlichen Bauverhandlung am 6. Dezember 1948 begannen am 3. November 1949 die Bauarbeiten. Auf der eingleisigen Verbindung zwischen Güterbahnhof und Westbahnhof fahren seit 2. März 1956 die Güterzüge. Der Personenverkehr auf der neuen, um 434 Meter längeren zweigleisigen Verbindung zwischen Personenbahnhof und Westbahnhof besteht seit 23. April 1956, auf der alten Strecke fuhr der letzte Zug am 24. April 1956. Die feierliche Eröffnung des gesamten Bauwerks fand am 30. April 1956 statt.

Ein beachtenswertes Bauvorhaben war die Trisannabrücke. Der Beginn der Arbeiten an der ursprünglichen Brücke erfolgte im Juli 1883, am 3. September 1884 fand die Belastungsprobe mit fünf Lokomotiven (insgesamt 300 Tonnen Gesamtgewicht) statt. Die Brücke besteht aus einem Viadukt mit drei Bogen zu je 9 Metern, einer 120 Meter langen Stahlbogenbrücke und einem zweiten Viadukt mit vier Bogen zu je 9 Metern. Das Gleis liegt 86 Meter über dem Talboden. 1908 mussten die Pfeiler wegen Bauschäden eingerüstet werden, 1911 sollte die gesamte Brücke durch ein neues Steinbauwerk ersetzt werden, schließlich wurde bis 1916 die bestehende Brücke saniert. Im Zuge der Elektrifizierung 1922 musste das Stahltragwerk verstärkt werden, was mit einem Untergurtbogen (Bogentragwerk unterhalb des Gleises) geschah. Diese Arbeiten endeten am 13. November 1922. 1962 war das Ende der Lebensdauer des Stahltragwerks erreicht. Beiderseits der Brücke wurde ein Gerüst aufgestellt und am südlichen Gerüst ein neues Tragwerk gebaut. Am 16. November 1964 fuhr um 0.40 Uhr der letzte Zug über das alte Tragwerk. Die Verschiebung beider Tragwerke erfolgte von 1.40 Uhr bis 10.30 Uhr, anschließend wurden der Gleisanschluss und die Belastungsprobe mit vier Lokomotiven vorgenommen. Um 12.25 Uhr befuhr der Eröffnungszug mit Lok 1110.02 die neue Brücke. Danach wurde am nördlichen Gerüst das alte Tragwerk zerlegt.

Der Anstieg des Zugverkehrs erforderte den zweigleisigen Ausbau der Strecke. Die Fertigstellung erfolgte abschnittsweise ab 10. Oktober 1965. Zweigleisig ausgebaut sind bis heute die

Abschnitte von Innsbruck Hauptbahnhof bis Ötztal, von Abzweigung Schönwies 1 bis Landeck-Zams sowie zwischen Abzweigung Flirsch 1 und Abzweigung Langen 1.

Der Bahnhof St. Anton am Arlberg lag ursprünglich nördlich des Ortes. Im Zuge des zweigleisigen Ausbaues in diesem Bereich wünschte die Gemeinde die Verlegung des Bahnhofs auf die Südseite und die teilweise Verlegung der Bahn in Tunnel, um die Flächen des alten Bahnhofs fremdenverkehrsmäßig nutzen zu können. Die Bauarbeiten dazu begannen am 13. Juli 1998. Die alte Strecke samt dem alten Bahnhof wurde am 9. September 2000 um 9 Uhr aufgelassen, die verlegte Strecke mit dem neuen Bahnhof am 10. September 2000 feierlich eröffnet und am 11. September 2000 um 1 Uhr in Betrieb genommen. Im Zuge dieses Bauvorhabens verlängerte man den Arlbergtunnel um 420 Meter.

Zur Erhöhung der Tunnelsicherheit verband man vom September 2004 bis zum 8. Dezember 2010 den Bahntunnel und den 14 Kilometer langen Straßentunnel mit sechs Fluchtstollen.

Die gesamte Strecke ist heute zeitgemäß ausgebaut und abschnittsweise im Inntal mit bis zu 160 km/h und auf der Bergstrecke mit bis zu 140 km/h befahrbar. Negativ anzuführen ist, dass es seit 10. Juni 2001 zwischen Landeck-Zams und Bludenz keinen Lokalpersonenverkehr gibt.

Der mit 1020.43 bespannte Güterzug kommt am 23. September 1967 von Innsbruck Hauptbahnhof und wird gleich den Westbahnhof erreichen. Rechts neben dem Zug erkennt man das Streckengleis zwischen Frachtenbahnhof und Westbahnhof.

Am 28. März 2015 verlässt 1063 042 mit einem Güterzug den Bahnhof Silz Richtung Innsbruck.

Vor der Kulisse des Mieminger Gebirges fährt am 18. Februar 2020 bei der Haltestelle Oberhofen im Inntal 4758 009.

Am 10. August 2005 hält 1144 276 mit Regionalzug 5330 im Bahnhof Ötztal.

Durchfahrt des mit 1020.19 bespannten Güterzuges durch den Bahnhof Schönwies am 28. Februar 1973. Damals gab es noch die Fahrleitung von der Erstausrüstung der Strecke.

Am Baugerüst der Trisannabrücke erkennt man bereits die ersten Teile des neuen Brückentragwerks. Am 8. August 1964 passiert ein mit den Loks 1080 und 1020 bespannter Güterzug die Brückenbaustelle.

Personenzug mit einer Lok der Reihe 1670 bei der Bergfahrt in der Steigung von 23 Promille vor St. Anton am Arlberg. Hier ist die Strecke seit 2000 zweigleisig ausgebaut und verläuft im Wolfsgrubentunnel.

Im neuen Bahnhof St. Anton am Arlberg hält am 30. Jänner 2001 1044 034 mit IC 669. Am Bahnsteig dahinter 1142 683. Zu sehen ist der Gleis- und Bahnsteigbereich des neuen Bahnhofs, der den Ansprüchen der Reisenden gerecht wird, aber in Allerweltsarchitektur ausgeführt ist.

Die westlichen Einfahrweichen des alten Bahnhofs St. Anton am Arlberg reichen bis in den Arlbergtunnel. Am 23. Februar 1991 verlässt 1020 030 mit Güterzug 58 418 den Tunnel beim Ostportal. Hier liegen heute keine Gleise mehr, da vom neuen Bahnhof eine Verlängerung von 420 Metern in den ursprünglichen Tunnel führt.

Auf der Arlbergbahn war die Schneeräumung immer sehr aufwendig. Am 28. Jänner 1967 räumt die Dampfschneefräse 986.903 ein Bahnhofsgleis im Bahnhof Langen am Arlberg. Diese Schneefräsen hatten keinen eigenen Antrieb und mussten daher, wie im Bild sichtbar, von einer Lok, hier ist es die 1180.09, geschoben werden.

Der mit 193 280 bespannte Güterzug hat am 7. Juli 2020 den Bahnhof Braz verlassen und wird nach 6 Kilometer Fahrt im Bahnhof Bludenz eintreffen.

Die Einfahrweiche im Bahnhof Dalaas aus Richtung Bludenz beginnt direkt am Ende des Höllentobel-Viadukts. Das Viadukt liegt in einem Bogen von 250 Meter Radius 24,20 Meter über dem Talboden und hat Bogen mit 10 Meter, 10 Meter, 22 Meter, 22 Meter, 22 Meter und 10 Meter lichter Weite. Am 3. Jänner 1993 passiert 1044 244 mit IC 569 dieses Viadukt.

Der Triebwagenschnellzug TS 12 passiert mit 4010.02 die Schanatobelbrücke vor Hintergasse. Diese Brücke ist 70 Meter lang. Die ursprüngliche Brücke wurde durch eine Lawine am 27. Jänner 1968 um 17.40 Uhr zerstört. Das heutige Bauwerk steht seit 17. November 1968 in Betrieb.

Die Hauptbahnen in Vorarlberg

Von Bludenz bis Staatsgrenze nächst Lochau-Hörbranz (61,885 Kilometer)

In Bludenz in 558,38 Meter Seehöhe schließt die Bahn zum Bodensee an die Arlbergbahn an. Sie folgt nun der Ill und gelangt ab Feldkirch im Rheintal bis Bregenz in 387,85 Meter Seehöhe. Entlang des Ufers des Bodensees führt die Strecke weiter und passiert in Kilometer 5,941 nach dem Bahnhof Lochau-Hörbranz die Staatsgrenze nach Deutschland.

Vorarlberg liegt an einem günstigen Platz für Eisenbahnstrecken, die vom Westen in den Süden Europas führen sollten. Bereits 1845 gab es den Plan einer Bahn aus dem Westen über Bregenz, Landeck, Bozen und Verona bis Venedig. Hohe Kosten und fehlende Erfahrung mit Bergstrecken verhinderten jedoch eine Realisierung. Der aus einer Industriellenfamilie stammende Carl Ganahl bemühte sich ab 1847 um den Bau einer Eisenbahn von Tirol zum Bodensee. Eine Reihe weiterer Projekte, die auf Verbindungen zwischen der Schweiz, Österreich und Bayern abzielten, folgte. Letztlich wurde per Gesetz vom 1. Mai 1869 die Vorarlberger Eisenbahn von Bludenz bis zur bayerischen Grenze hinter Bregenz mit zwei Zweiglinien in die Schweiz genehmigt. Am 17. August 1869 erhielten Ganahl und weitere Interessenten die Konzession für die Bahn. Am 2. März 1870 wurde die Baubewilligung erteilt, im Oktober 1870 begannen die Arbeiten an der Strecke. Bezüglich dieser nun tatsächlich errichteten Bahn wurde am 27. August 1870 ein Staatsvertrag zwischen Österreich, der Schweiz und Bayern abgeschlossen, am 3. Juli 1871 erfolgte die Gründung der Gesellschaft k. k. privilegierte Vorarlberger Bahn. Nach der Prüfung der eingleisigen Strecke am 23. Juni 1872 wurde sie am 1. Juli 1872 eröffnet. Den Betrieb führte die Gesellschaft selbst. Die Bahn erwies sich als finanzieller Misserfolg und wies in den ersten Jahren einen Betriebsabgang auf.

Bereits 1869 hatten sich Konzessionäre der Bahn verpflichtet, die Vorarlberger Bahn an das Unternehmen, das die Bahn von Innsbruck nach Bludenz bauen würde, abzutreten. Daher übernahm am 1. Juli 1882 die Staatsbahn den Betrieb und verstaatlichte am 1. Jänner 1886 die Bahngesellschaft.

Das nach der Betriebsaufnahme der Arlbergbahn steigende Verkehrsaufkommen erforderte die Erweiterung der Bahnanlagen. Die größten Ausbauten betrafen die Bahnhöfe in Bludenz, Feldkirch und Bregenz.

1920 begannen die Planungen und 1925 die Bauarbeiten für die Elektrifizierung der Strecke zwischen Bludenz und Bregenz. Am 14. Mai 1925 erreichte der elektrische Betrieb von Innsbruck her Bludenz. Am 8. August 1926 war die Strecke von Bludenz bis Feldkirch und am 17. Februar 1927 bis Bregenz fertig. Gleichzeitig mit der elektrischen Ausrüstung wurden auch die übrigen Bahnanlagen erweitert. Im Zuge der vielen Verbesserungen an den Gleisanlagen kam es zur Anhebung der Streckenhöchstgeschwindigkeit. So durften die Züge ab 26. Juni 1934 erstmals in einigen Abschnitten mit bis zu 80 km/h und ab 27. Februar 1936 mit bis zu 100 km/h fahren.

Im Zweiten Weltkrieg war zuerst der Umbau der Fahrleitung für die neuen Bügel mit Fertigstellung am 4. September 1939 realisiert worden. Dann sah der Vierjahresplan von 1942 bis 1945 den zweigleisigen Ausbau und die Elektrifizierung von Lauterach bis Lindau vor. Realisiert wurde nur das zweite Streckengleis von Lindau über die heutige Staatsgrenze bis Lochau-Hörbranz mit Fertigstellung am 26. Juli 1940. Zu größeren Beschädigungen im Zweiten Weltkrieg kam es erst beim Rückmarsch der Wehrmacht durch die Sprengung der Brücke über die Bregenzer Ache.

Nach Kriegsende konnte der Zugsverkehr im Anschluss an die Reparatur der gesprengten Brücke am 14. Mai 1945 wieder aufgenommen werden. Im Anschluss an die endgültige Behebung der Kriegsschäden wurde die Elektrifizierung fortgesetzt. Am 14. Dezember 1954 konnte auf der Strecke von Bregenz über die Staatsgrenze bis Lindau Hauptbahnhof der elektrische Betrieb aufgenommen werden.

Der stetig zunehmende Verkehr erforderte den großzügigen Ausbau der Verbindung zwischen Bludenz und Bregenz. Die Strecke erhielt ein zweites Streckengleis und in vielen Abschnitten eine neue Trasse. Dieser Ausbau erfolgte abschnittsweise zwischen 21. Dezember 1959 und 16. Mai 1995. Vom 27. Oktober 1971 bis 3. Oktober 1977 wurde in Wolfurt ein neuer großer Güterbahnhof gebaut, der von 2014 bis zum 19. Oktober 2018 mit einem Containerterminal erweitert war.

Die Strecke ist heute eine gut ausgebaute Hauptbahn, die zum großen Teil eine Streckenhöchstgeschwindigkeit von 140 km/h, in einzelnen Bereichen von 160 km/h aufweist.

In Bludenz war viele Jahre die 658.1767 als fahrleitungsunabhängige Reserve vorhanden. Damit die Lok im Bedarfsfall auch einsatzfähig war, wurde sie gelegentlich in Betrieb genommen. Am 8. April 1962 konnte sie beim Verschub beobachtet werden.

Am 18. September 1966 verlassen 1670.28 und ein 4030 den Bahnhof Frastanz Richtung Bregenz. Das im Bild sichtbare Stellwerk 2 war von 1914 bis 1982 in Verwendung.

1110.23 hat am 18. September 1966 mit einem Schnellzug den Bahnhof Feldkirch Richtung Bludenz verlassen. Die Strecke führt hier heute durch den 908,5 Meter langen, zweigleisigen Schattenburgtunnel. Die alte Trasse wurde am 25. Mai 1992 aufgelassen.

Am 16. Juli 2019 wird der Triebwagen 4758 003 der Öffentlichkeit präsentiert. In Dornbirn wird dieser vom Planzug mit 4025 118 überholt. Seit 1978 gibt es hier einen Mittelbahnsteig.

Vor dem Aufnahmsgebäude in Bregenz steht am 24. Juli 1952 4041.06 mit einem Eilzug zur Abfahrt bereit. Der Wagen trägt zu dieser Zeit die noch von der Reichsbahn eingeführte Bezeichnung ET 83.

1020.40 hat mit einem Personenzug im April 1971 Bregenz verlassen und fährt nun Richtung Staatsgrenze. Hier ist zwischen dem Ufer des Bodensees und der Straße nicht viel Platz für die Bahntrasse vorhanden.

Von Feldkirch über die Staatsgrenze nächst Tisis bis zur Staatsgrenze nächst Schaan-Vaduz (17,338 Kilometer) und Schleife Feldkirch (1,0 Kilometer)

Die Bahn nach Buchs verlässt den Bahnhof Feldkirch Richtung Bregenz, biegt dann nach Süden ab und gelangt durch das Rheintal nach der Haltestelle Tisis in Kilometer 8,375 über die Staatsgrenze ins Fürstentum Liechtenstein. Die in Liechtenstein gelegene Strecke bis zur Staatsgrenze von Liechtenstein und der Schweiz in Kilometer 17,338 wird bis zum Bahnhof Buchs von den Österreichischen Bundesbahnen betrieben. In Feldkirch bestand eine Schleife, die direkte Zugfahrten von Bregenz nach Buchs ermöglichte.

Die Strecke von Feldkirch nach Buchs ist die erste der beiden Zweiglinien der Vorarlberger Eisenbahn. Die Linie weist einen 8,963 Kilometer langen Streckenabschnitt im Fürstentum Liechtenstein auf, der auch heute noch von Österreich aus betrieben wird. Dafür wurde die Konzession am 14. Jänner 1870 erteilt. Die Arbeiten an der Strecke begannen im Oktober 1870 und dauerten wegen der aufwendig herzustellenden Rheinbrücke länger als jene der Stammstrecke von Bludenz nach Bregenz. Die eingleisige Strecke wurde am 14. Oktober 1872 geprüft und am 24. Oktober 1872 eröffnet. Das mächtigste Bauwerk der Strecke ist die Rhein-Brücke mit vier Tragwerken und einer Länge von insgesamt 190 Metern.

Die Strecke wurde kontinuierlich verbessert und gemeinsam mit der Strecke von Bludenz nach Bregenz elektrifiziert. Nach der amtlichen Prüfung der Fahrleitungsanlage am 14. Dezember 1926 erfolgte die Aufnahme des elektrischen Betriebs am 16. Dezember 1926.

Die Hochwasser des Rheins führten immer wieder zu Schäden an den Bahnanlagen. Der größte Schaden entstand am 25. September 1927 um 19 Uhr, als das Hochwasser den Hochwasserdamm durchbrach und die Vorflutbrücke sowie 600 Meter des Bahndamms zerstörte. Nach dem Bau eines Brückenprovisoriums am Platz des zerstörten Damms konnte der Betrieb am 17. November 1927 wieder aufgenommen werden.

Während des Zweiten Weltkrieges war bei Tosters ein neuer Bahnhof geplant, der jedoch nicht realisiert wurde. Einzig bei Feldkirch baute man eine Schleife von Abzweigung Amberg bis Abzweigung Altenstadt, die ab 14. Mai 1940 in Betrieb war und direkte Zugfahrten von Bregenz nach Buchs ermöglichte. Nach Kriegsende wurde sie nicht mehr befahren und 1952 abgetragen.

Den Zweiten Weltkrieg überstand die Strecke unzerstört. Seither wurde vieles verbessert. Die Strecke ermöglicht zum großen Teil eine Streckenhöchstgeschwindigkeit von 100 km/h und einen zeitgemäßen Eisenbahnbetrieb.

Der aus Buchs kommende D 443 mit 1044 034 passiert nach kurzer Fahrt am 7. März 2000 die Haltestelle Tisis.

Schaan-Vaduz war einer der beiden Bahnhöfe in Liechtenstein. Er wurde am 4. Dezember 1986 zur Halte- und Ladestelle rückgebaut. Seit Juli 2013 gibt es in der nunmehrigen Haltestelle keine Nebengleise mehr. Am 14. September 1997 passiert der EC 162 mit 1044 212 Schaan-Vaduz.

Von Lauterach bis zur Staatsgrenze nächst Lustenau (7,837 Kilometer) und Schleife Lauterach (1,295 Kilometer)

Die Bahn nach St. Margrethen in der Schweiz zweigt bei Lauterach von der Strecke aus Bludenz ab, führt weiter in westlicher Richtung und gelangt nach dem Bahnhof Lustenau auf der Rheinbrücke in Kilometer 1,620 zur Schweizer Staatsgrenze. Im Bahnhof Lauterach gestattet eine Schleife direkte Zugfahrten von Bludenz Richtung St. Margrethen in der Schweiz.

Die zweite der Zweiglinien der Vorarlberger Eisenbahn ist die Verbindung von Lauterach bis zur Staatsgrenze nächst Lustenau und die dazugehörende Schleife Lauterach. Die Arbeiten an der Strecke begannen 1870 gemeinsam mit jenen an der Vorarlberger Eisenbahn. Der Bau der Rheinbrücke ermöglichte erst am 15. November 1872 die Prüfung der Strecke und die Eröffnung am 23. November 1872. Die eingleisige Linie hatte in Hard-Fussach und in Lustenau je einen Bahnhof.

Nach dem Ersten Weltkrieg wurde mangels Bedarfs die Schleife in Lauterach nicht mehr befahren. Erst nach dem Anstieg des Verkehrs wurde sie saniert und am 11. Oktober 1923 wieder in Betrieb genommen.

Auch auf dieser Strecke führten Hochwasser des Rheins immer wieder zu Betriebsunterbrechungen.

Der alte Bahnhof Lustenau hatte nur ein kurzes Ausweichgleis und wurde daher 1943 durch den heute bestehenden Bahnhof Lustenau ersetzt.

Als nach dem Zweiten Weltkrieg das Elektrifizierungsprogramm wieder fortgesetzt wurde, bekam auch diese Strecke die Fahrleitung. Diese wurde am 5. Dezember 1948 eingeschaltet, am 12. Jänner 1949 nahm man den elektrischen Betrieb auf. Die Strecke wurde laufend verbessert, so bekam die Rheinbrücke 1985 neue Tragwerke. Ab 2010 realisierte man die Neutrassierung der Verbindung von Lustenau bis St. Margrethen mit einem Neubau der Rheinbrücke. Am 23. März 2013 fuhr der erste Zug auf der neuen Trasse mit der neuen Brücke. Der Ausbau der Bahn geht weiter. Seit 29. November 2021 ist das zweite Streckengleis zwischen Lauterach und Hard-Fussach in Betrieb. Wie fortschrittlich die Bahn heute ist, zeigt ein Vergleich der Streckenhöchstgeschwindigkeit. Bei der Eröffnung lag diese bei 60 km/h, heute abschnittsweise bei bis zu 130 km/h.

In der Nähe der nur zwischen 1887 und 1901 existierenden Haltestelle Birkenfeld vor Lustenau ist am 26. März 2021 der Schweizer 503 013 unterwegs.

Am 22. März 2013 fand die Belastungsprobe der neuen Rheinbrücke bei Lustenau statt. Im Bild belasten die Loks 1116 089, 1116 142, 1116 153, 1116 196, 1116 057 und 1116 103 die Brücke. Am nächsten Tag wurde dann der planmäßige Betrieb über die Brücke aufgenommen.

Die Nebenbahnen in Tirol

Von Jenbach nach Mayerhofen (31,835 Kilometer)

Die schmalspurige Zillertalbahn beginnt im Bahnhof Jenbach der im Inntal verlaufenden Hauptbahn in 530,260 Meter Seehöhe. Die Schmalspuranlagen befinden sich südlich der Gleise der Hauptbahn. Die Strecke verlässt den Bahnhof Jenbach Richtung Kufstein, biegt dann Richtung Süden ab, übersetzt den Inn und gelangt ins Zillertal. Entlang der Ziller erreicht die Bahn den Endbahnhof Mayerhofen im Zillertal in 627,598 Meter Seehöhe.

Projekte für eine Lokalbahn, eine Dampftramway oder elektrische Normalspurbahn ins Zillertal gab es seit 1876. Aus Kostengründen entstand letztlich eine Schmalspurbahn. Die Konzessionserteilung für die Bahn von Jenbach nach Mayerhofen erfolgte am 2. Dezember 1899, am 26. Dezember 1899 wurde die AG Zillertalbahn gegründet. Diese Gesellschaft konnte die Mittel zum Bau nur schwer aufbringen und verwirklichte die Bahn daher abschnittsweise, so konnte man durch die Inbetriebnahme von Teilstücken das Geld für den Weiterbau erwirtschaften. Die Arbeiten an der Strecke begannen im Dezember 1899, die einzelnen Abschnitte gingen wie folgt in Betrieb:

- Von Jenbach bis Fügen: 20. Dezember 1900 (Prüfung am 19. Dezember 1900).
- Von Fügen bis Kaltenbach-Stumm: 24. Februar 1901 (Prüfung am 23. Februar 1901).
- Von Kaltenbach-Stumm bis Erlach: 26. Mai 1901 (Prüfung am 25. Mai 1901).
- Von Erlach bis Zell am Ziller: 21. Juli 1901 (Prüfung am 20. Juli 1901).
- Von Zell am Ziller bis Mayerhofen: 31. Juli 1902 (Prüfung am 29. Juli 1902).

Die Zillertalbahn hat eine Spurweite von 760 Millimetern und war bei der Eröffnung durchgehend eingleisig. Die Bahn bewährte sich und erzielte bis zum Zweiten Weltkrieg einen Überschuss.

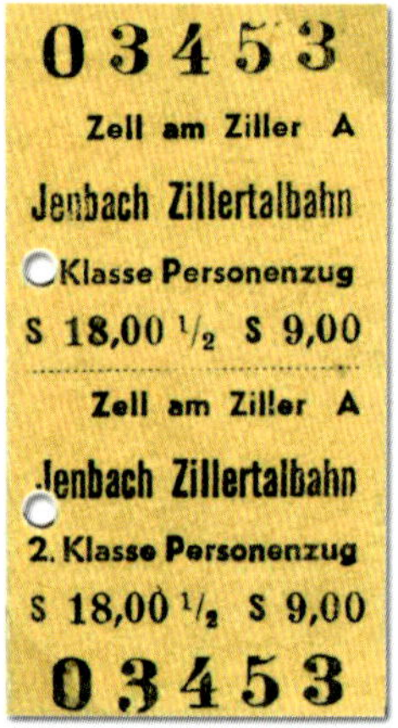

Kartonkarte, ausgegeben in Zell am Ziller am 29. Juli 1958.

Um 1920 plante man die Elektrifizierung der Strecke und beschloss bei einer außerordentlichen Generalversammlung am 21. Dezember 1921 den Kauf des E-Werks am Stilluppbach und den Beginn der Vorarbeiten zur Elektrifizierung. Die Wirtschaftskrise verhinderte allerdings die Verwirklichung der Elektrifizierung, stattdessen kamen 1927 Triebfahrzeuge mit Verbrennungsmotoren zum Einsatz. Am 7. Februar 1928 wurde der erste Schmalspurtriebwagen Österreichs mit Verbrennungsmotor angeliefert, dieser blieb bis 1970 in Verwendung.

Der Güterverkehr erfüllte anfangs nicht die erwarteten Transportleistungen, doch ab 1923 entstand bei Lanersbach ein Magnesitbergbaugebiet. Ab 1925 wurde mittels einer 8,8 Kilometer langen Materialseilbahn das Magnesit zum Weitertransport zur Zillertalbahn befördert, was für hohe Transportleistungen bei der Bahn führte. Das Bergwerk wurde 1976 geschlossen, am 21. Dezember 1976 fand der letzte Magnesittransport statt.

Der Güterverkehr erfolgte ab der Inbetriebnahme der Bahn mit Schmalspurwagen, das Umladen der Fracht fand in Jenbach statt. Am 1. Oktober 1961 wurde der Rollwagenbetrieb aufgenommen, damit konnten die Normalspurwagen mithilfe der Rollwagen auch auf der Schmalspurbahn transportiert werden.

Mitte der 1960er-Jahre schien die Stilllegung der Bahn bevorzustehen, ausgelöst durch die allgemeine Stimmung gegen die Eisenbahn und die fehlende Modernisierung. Doch der geplante Bau des Zemmkraftwerks und der steigende Tourismus führten zu einer Meinungsänderung. Die Strecke wurde modernisiert, neue Fahrzeuge beschafft. Für den Kraftwerksbau bestand ab 14. Juni 1967 bis 1976 eine 1,745 Kilometer lange Anschlussbahn vom Bahnhof Mayerhofen zur Kraftwerksbaustelle.

Der Kraftwerksbau, die Einführung von Zügen für den

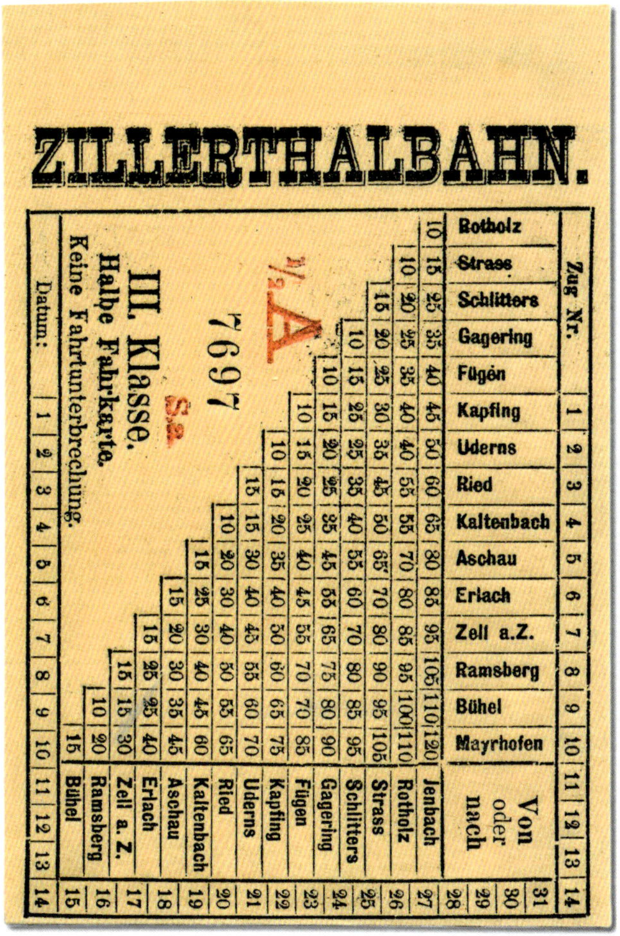

Schaffnerzettelkarte der Zillertalbahn. Durch entsprechendes Lochen konnte die Karte für die gesamte Strecke verwendet werden. Originalgröße: 85 x 130 Millimeter.

Tourismus ab 1972 und ab 1992 der Taktverkehr führten zu einem erfolgreichen Betrieb der Bahn. Daher unterstützte das Land Tirol Investitionen in die Infrastruktur, etwa ab 2008 den teilweisen zweigleisigen Ausbau der Bahn sowie Linienverbesserungen. Derzeit besteht das zweite Streckengleis in folgenden Abschnitten: von Schlitters nach Gagering, von Kaltenbach-Stumm nach Aschau im Zillertal und von Zell am Ziller nach Ramsau-Hippach. Da eine Erneuerung der Fahrzeuge anstand, plante man 2015 die Elektrifizierung. Dieses Projekt wurde allerdings zurückgestellt. Die neuen Fahrzeuge, die bereits im Bau sind, werden als Primärenergie Wasserstoff verwenden.

Die Änderungen im Güterverkehr des Eisenbahnnetzes wirkten sich auch auf der Zillertalbahn aus. 2013 kam es zur Einstellung des Güterverkehrs. Zu dessen Wiederaufnahme führte der Wunsch des Sägewerks Binder in Fügen, seine Holztransporte wieder mit der Bahn abzuwickeln. Dazu wurde ein neues Transportsystem entwickelt, für das 30 Rollwagen mit Rungen ausgerüstet wurden. Diese werden mit Rundholz beladen und mit eigenen Zügen von Jenbach ins Sägewerk gebracht. Dort wird das Holz in ähnlich gebaute Normalspurwagen umgeladen und weitertransportiert. Die Transporte begannen am 17. Mai 2021, seit 13. Jänner 2022 werden auch wieder Normalspurwagen auf Rollwagen für Schnittholz und Pellets geführt. Diese Transporte entlasten die Straße merkbar. Die Zillertalbahn zeigt, was eine moderne Schmalspurbahn alles leisten kann, und ist heute ein zukunftssicherer Betrieb.

Am 28. August 1959 hat der VT/s 3 mit Zug E 5 die Innbrücke bei Rotholz passiert. Dieser Triebwagen war der erste Schmalspurtriebwagen mit Verbrennungsmotor in Österreich. Er wurde 1928 gebaut, mehrmals umgebaut und stand bis 1970 in Betrieb.

Am 9. Juli 2002 verlässt der Regionalzug 8836 mit den Fahrzeugen VT 6, B4 32 und VS 4 die aus der Bauzeit der Bahn stammende Innbrücke nach Jenbach. Hinter dem Zug erkennt man die Baustelle der neuen Innbrücke.

Am 25. Juni 1968 passiert die Lok 5 mit Personenzug 24 bei der Fahrt nach Jenbach die Brücke bei Zell am Ziller.

Bei Fügen-Hart ist am 25. Juni 1968 die Lok D 9 mit einem Güterzug unterwegs. Diese Rollwagenzüge stellten damals die modernste Art des Güterverkehrs auf der Schmalspurbahn dar.

Am 27. Jänner 2019 fährt der Wendezug, bestehend aus D 16 mit den Wagen B4 37 und B4 38 und Steuerwagen VS 7 als Regionalzug 139 auf der hier zweigleisigen Strecke vor Laimach-Regionalmuseum.

Am 14. Juni 1969 hält die Lok 2 mit Zug E 1 im Bahnhof Zell am Ziller. Beachtenswert sind die beiden Personenwagen des Zuges. Es handelt sich um die Beiwagen der elektrischen Lokalbahn von Payerbach nach Hirschwang, die heute wieder auf der dortigen Museumsbahn fahren.

Ein besonderer Einsatz brachte einen Zug der Zillertalbahn 1980 für die Show „Winnetou, der Apache“ von und mit Pierre Brice auf die große Bühne der Wiener Stadthalle. Der aus Lok 6 und einem Wagen gebildete Zug fuhr auf einer etwa 200 Meter langen Gleisstrecke auf die Bühne, wo im Zuge der Produktion ein Überfall inszeniert wurde. Hinter den Kulissen hatte man einen feuersicheren Raum geschaffen, in dem der Zug abgestellt und die Lok angeheizt werden konnte. Ein geprüfter Lokführer der Zillertalbahn fuhr dann, wie von der Regie gewünscht, auf die Bühne. Das Bild vom 22. November 1980 zeigt den Zug und das Bühnenbild während einer Regiebesprechung.

Von Jenbach nach Achensee (6,763 Kilometer)

Die Zahnradbahn zum Achensee beginnt ebenfalls im Bahnhof Jenbach der Hauptbahn. Die Bahnanlage liegt dort in 530,260 Meter Seehöhe nördlich der Hauptbahn. Gleich nach dem Bahnhof steigt die Zahnradstrecke mit bis zu 160 Promille an und endet kurz vor Eben in 970,307 Meter Seehöhe. Das restliche Streckenstück bis zur Endstelle hat normalen Reibungsbetrieb mit maximal 25 Promille Steigung. Das Ende der Bahn ist Achensee Schiffstation in 933,00 Meter Seehöhe in Kilometer 6,763.

Die 1858 im Inntal eröffnete Hauptbahn führte ab 1867 über den Brenner und wurde damit zu einer wichtigen europäischen Bahnverbindung. Für den Bahnanschluss von Orten abseits des Inntals und weitere Verbindungen nach Bayern stellte die Topografie mit der hohen Bergkette auf der Nordseite des Inntals eine Herausforderung dar. Das führte 1886 zum Plan einer Bahn mit gemischtem Betrieb (Zahnrad, Adhäsion) von Jenbach über Achensee und Achenkirch bis zur bayerischen Staatsgrenze und weiter. 1887 wollte man zumindest den ersten Teil von Jenbach bis zum Achensee verwirklichen. Dafür wurde am 1. August 1888 die Konzession erteilt, der Baubeginn erfolgte am 15. Oktober 1888, die Gründung der Achenseebahn Gesellschaft am 15. August 1889. Nach der Prüfung am 4. Juni 1889 fand am 8. Juni 1889 die Eröffnung statt.

Die eingleisige Schmalspurbahn mit 1000 Millimeter Spurweite von Jenbach zum Seespitz ist 6,3692 Kilometer lang, davon haben 3,42916 Kilometer eine Zahnstange System Riggenbach (Bauart der Zahnstange). Von Jenbach bis Eben, dem höchsten Punkt der Strecke, sind 440,2 Meter Höhenunterschied mit einer Steigung bis zu 160 Promille zu bewältigen, dann fällt die Strecke 39,7 Meter bis zum Seespitz ab. Den Betrieb führte die Gesellschaft selbst. In Betrieb war die Bahn jeweils von Mai bis Oktober. Bis 1913 konnte ein Betriebsüberschuss erzielt werden, danach schrieb man Verluste.

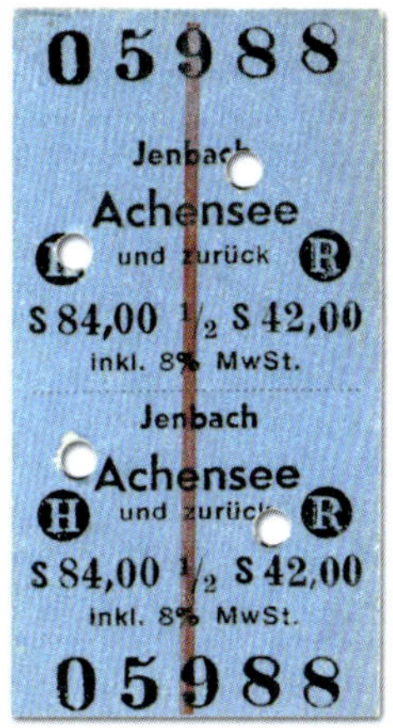

Kartonkarte der Achenseebahn, ausgegeben im Bahnhof Jenbach am 27. August 1978.

Am Seespitz bestand der Anschluss an die Achenseeschifffahrt. Zur Erleichterung des Gepäcktransports wurde 1889 ein 75 Meter langes Gleis mit 600 Millimeter Spurweite zum Landesteg gebaut, auf dem mit einem Rollwagen das Gepäck zum Dampfer transportiert werden konnte.

1922 bemühte man sich, die Umsteigesituation zum Schiff wesentlich zu verbessern. Dazu wurde die Strecke um 427 Meter verlängert und eine neue Endstelle und eine Schiffstation gebaut. Prüfung und Inbetriebnahme dieser Anlagen fanden am 23. Juli 1929 statt.

Während des Zweiten Weltkrieges kam es zu einigen Bombenschäden, doch ab 19. August 1945 fuhren wieder Züge.

Mehrmals gab es Überlegungen, die Bahn stillzulegen. Die steigende Bedeutung für den Fremdenverkehr ermöglichte allerdings weiterhin einen sinnvollen Betrieb. Interne Streitigkeiten und Fehler im Management führten beinahe zur Einstellung der Bahn. Zu Saisonende am 27. Oktober 2019 endete der Betrieb, am 25. März 2020 leitete das Landesgericht das Konkursverfahren über die Achenseebahn ein. Man versuchte, die Bahn zu retten, und schließlich beschloss die Tiroler Landesregierung am 30. Juni 2020 ein Hilfspaket. Damit konnten sich die verbliebenen sieben Mitarbeiter der Bahn um die Erhaltung der Infrastruktur kümmern. Am 2. Februar 2021 stellte die Tiroler Landesregierung 10 Millionen Euro zur Sanierung bereit. Am 19. Mai 2021 übernahm die Achensee Betriebs- und Infrastruktur GmbH alle Berechtigungen zum Betrieb der Bahn. Am 25. August 2021 wurde der Konkurs aufgehoben. Nach der Sanierung feierte man am 29. April 2022 mit einem Bahnhofsfest die Wiederinbetriebnahme der Linie. Am Tag darauf konnte der fahrplanmäßige Betrieb wieder aufgenommen werden.

Die Zahnstangenstrecke der Achenseebahn beginnt gleich nach dem Bahnhof der Zahnradbahn in Jenbach. Am 24. September 1967 hat Lok 3 mit den Wagen 3 und 6 die Fahrt zum Achensee begonnen.

Am 28. Mai 1967 hat Lok 2 mit Wagen 6 den Bahnhof Jenbach verlassen und wird bei der Bergfahrt bald die Haltestelle Burgeck erreichen.

Bei Burgeck fährt am 3. Juli 1960 Lok 3 mit Zug 8 talwärts. Züge mit drei Wagen sind auf der Zahnradstrecke selten und nur bei der Talfahrt zugelassen.

Den Bahnhof Eben verlässt Lok 2 mit Zug 1 Richtung Achensee. Hinter dem Zug erkennt man die Pfarrkirche zur heiligen Notburga aus dem 14. Jahrhundert.

Lok 3 mit den Wagen 3 und 5 ist am 19. März 1973 in der Endstelle Achensee Schiffstation angekommen und schiebt nun in die dortige Ausweiche zurück. Links neben der Lokomotive sieht man den Wasserkran, der mit einem Pulsometer (eine spezielle Art einer Dampfpumpe) das Seewasser zur Lokomotive pumpt.

Von Innsbruck nach Fulpmes (18,200 Kilometer)

Die Stubaitalbahn zweigt in Innsbruck Stubaitalbahnhof in 589,12 Meter Seehöhe aus dem Straßenbahnnetz ab, steigt mit bis zu 46 Promille an, passiert den Kehrtunnel und gelangt auf das Hochplateau über dem Wipptal. Im Unterschied zur Brennerbahn tief unten im Tal verläuft die Stubaitalbahn etwa 400 Meter höher Richtung Süden. Bei Telfeser Wiesen biegt sie ins Stubaital ein, erreicht im Bahnhof Telfes in 1005,00 Meter Seehöhe den höchsten Punkt der Strecke und fällt zum Endbahnhof Fulpmes in 936,25 Meter Seehöhe ab.

Erste Überlegungen für eine Eisenbahn von Innsbruck ins Stubaital entstanden 1886, die erste Vorkonzession wurde am 10. August 1895 erteilt. Die Vorkonzession vom 30. Oktober 1897 sah eine schmalspurige elektrische Kleinbahn von Innsbruck über Fulpmes nach Neustift mit einer Abzweiglinie von Fulpmes über Mieders und Schönberg bis Matrei vor. Vom 3. bis 5. September 1900 fand dazu die Trassenrevision und Stationskommission statt, bei der keine Einwände gegen die Bahn vorgebracht wurden. Die Kommission schlug darüber hinaus vor, bei Finanzierungsschwierigkeiten nur die Strecke von Innsbruck bis Fulpmes zu bauen, da dies die größte Verbesserung der Verkehrsverhältnisse mit sich bringen würde. Danach begannen die Detailplanungen, dabei konnte die AEG Union für die elektrischen Anlagen gewonnen werden. AEG schlug eine Betriebsspannung von 2500 V Wechselstrom mit der Frequenz des öffentlichen Netzes vor. Bis 1926 waren dies 42,5 Hz, danach 50 Hz. Der von den Ingenieuren Gabriel Winter und Friedrich Eichberg neu entwickelte Winter-Eichberg-Motor sollte den Betrieb mit Netzfrequenz ermöglichen.

Für den Abschnitt von Innsbruck nach Fulpmes wurde am 17. August 1903 die Konzession erteilt, kurz danach begannen die Arbeiten an der Strecke. Die Gründung der AG Stubaitalbahn erfolgte am 15. Oktober 1903. Am 26. und 27. Juli 1904 wurden die elektrotechnischen Anlagen geprüft, dabei schaffte Triebwagen 3 mit Beiwagen 13 das Anfahren in der Steigung nicht. Aufgrund eines falsch berechneten Spannungsabfalls bei der Fahrt sank die Spannung auf 1800 V, was für die Weiterfahrt zu wenig war. Am 30. Juli 1904 wurde die gesamte Bahn geprüft und die provisorische Benützungsbewilligung erteilt. Bis zur Verbesserung der Stromversorgung durften nur Solo-Triebwagen verkehren. In dieser Form erfolgte am 1. August

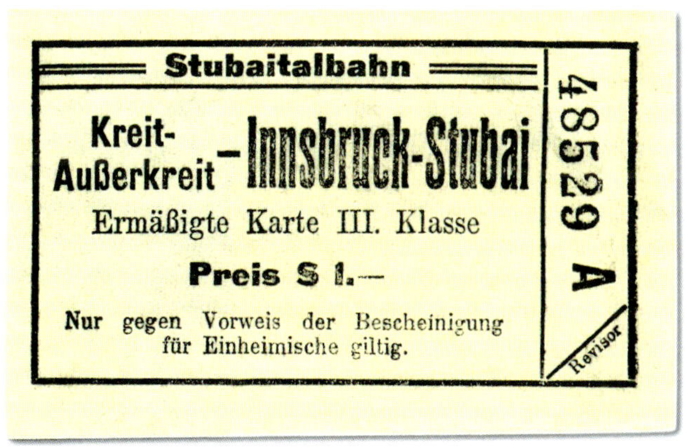

Schaffnerkarte der Stubaitalbahn. Originalgröße: 85 x 55 Millimeter.

1904 die Eröffnung der eingleisigen Schmalspurbahn mit 1000 Millimeter Spurweite und Wechselstrombetrieb für den Personenverkehr. Den Betrieb führte die Gesellschaft Lokalbahn Innsbruck–Hall in Tirol.

Ab Oktober 1904 war die Stromversorgung so weit umgebaut, dass auch mit Beiwagen gefahren werden konnte. Danach entstand am Westbahnhof in Innsbruck eine Umladestelle für Frachtgut, und am 1. Juni 1905 war die Aufnahme des Güterverkehrs möglich.

Der neu entwickelte Motor ermöglichte zwar den Betrieb mit Wechselstrom in Netzfrequenz, brachte aber dennoch viele Probleme mit sich. Trotz dieser Schwierigkeiten blieb das Wechselstromsystem 79 Jahre lang im Einsatz. Der mit Wechselstrom geplante Betrieb der Straßenbahn in Innsbruck wurde jedoch auf Gleichstrom geändert und damit die Fahrt der Züge der Stubaitalbahn in die Stadt verhindert. Am 16. Juni 1918 schrieb die Behörde vor, unter welchen Bedingungen die Bahn beim Ausfall aller Triebwagen mit Dampflokomotiven betrieben werden konnte, da kriegsbedingt Motorreparaturen nur schwer möglich waren.

Am 1. April 1928 übernahm die Stubaitalbahn den Betrieb der Lokalbahn von Innsbruck nach Hall in Tirol. Die Bahn erwirtschaftete bis 1931 einen Überschuss, dann kam es aber in den meisten Jahren zu einem Betriebsabgang.

Vom 20. Oktober 1944 bis 30. Dezember 1944 führten Bombentreffer immer wieder zu Betriebsunterbrechungen. Ab 8. Jänner 1945 konnte der Personen- und Güterverkehr wieder normal abgewickelt werden.

Durch den Bau der neuen Bahnverbindungen vom Hauptbahnhof zum Westbahnhof mussten am 26. Mai 1955 die Umladestelle am Westbahnhof und die Verbindung von dort zur Stubaitalbahn und somit der Güterverkehr aufgelassen werden.

Als die Erneuerung der Fahrzeuge anstand, plante man die Umstellung der Stubaitalbahn auf Gleichstrom. Dafür fand am 11. September 1979 eine Probefahrt auf der provisorisch mit Gleichspannung gespeisten Strecke bis Sonnenburger Hof statt. Dann begann man mit dem Umbau der elektrischen Anlagen. Nun setzte man auch den ursprünglichen Plan um, die Züge der Stubaitalbahn über die Straßenbahn bis zum Hauptbahnhof zu führen. Dafür erteilte die Behörde am 21. Juni 1983 die Konzession. Am 23. Juni 1983 wurde um 22.29 Uhr die Wechselspannung abgeschaltet und der Betrieb eingestellt. Am 24. Juni 1983 erfolgte für Betriebsfahrten die Einschaltung der Gleichspannung von 850 V. Der Regelbetrieb begann am 2. Juli 1983. Seit diesem Tag fahren die Züge der Stubaitalbahn bis zum Hauptbahnhof.

Am 31. Dezember 1997 wurden die Stubaitalbahn AG und die Innsbrucker Verkehrsbetriebe zu einer neuen Gesellschaft mit dem Namen Innsbrucker Verkehrsbetriebe und Stubaitalbahn GmbH vereinigt.

Die Bahn wird laufend verbessert, wie der Ersatz der alten Mutterer Brücke und des Mutterer Tunnels durch die neue Mutterer Brücke (153 Meter lang und 43 Meter hoch) am 17. November 2017 zeigt. Sie ist heute eine zeitgemäße Lokalbahn.

Kartonkarte für einen Hund, die am 24. Februar 1967 in Fulpmes ausgegeben wurde.

Am 29. September 1981 konnte in der Werkstätte in Innsbruck der ausgebaute Wechselstrommotor eines Triebwagens der Stubaitalbahn fotografiert werden. Gut erkennbar ist der Kommutator, der eigentliche Schwachpunkt dieser Motoren.

Am 23. Juni 1983 steht am Stubaitalbahnhof in Innsbruck der geschmückte Triebwagen 1 für die Abschiedsfahrt des Wechselstrombetriebs bereit.

Triebwagen 2 mit zwei Beiwagen als Zug 11 am 31. Juli 1960 nach dem Stubaitalbahnhof. Er verlässt nun mit bis 45 Promille Steigung das Inntal. Auf der hier noch freien Fläche neben dem Zug befindet sich heute der neue Betriebsbahnhof der Straßenbahn und der Stubaitalbahn.

Am 27. August 1959 passiert Triebwagen 3 mit den Beiwagen 15 und 11 sowie einem Güterwagen die nach dem Mutterer Tunnel gelegene alte Mutterer Brücke (80 Meter Länge). 2017 ersetzte die neue Mutterer Brücke mit 153 Meter Länge die alte Strecke durch den Tunnel und über die Brücke.

Am 12. Juli 1966 fährt Triebwagen 1 mit den Beiwagen 16 und 15 Richtung Fulpmes. Auf der anderen Talseite ist die Europabrücke der Brennerautobahn zu sehen.

Am 7. Oktober 1978 bilden die bereits schneebedeckten Berge einen schönen Gegensatz zu den grünen Wiesen der Hochebene. Triebwagen 4 ist mit einem Beiwagen zwischen Telfes und Fulpmes unterwegs.

Am 20. Juni 1966 fährt Triebwagen 1 mit Zug 4 über das Kreither Viadukt. In Österreich gab es nur vier (heute drei) Viadukte in Trestleworkbauweise (Stahlgerüstbrücke), davon ist das Kreither Viadukt mit 110 Meter Länge das längste.

Zug 17 mit Triebwagen 82 erreicht am 6. Juli 1993 den Bahnhof Fulpmes.

Von Innsbruck Westbahnhof bis zur Staatsgrenze nächst Scharnitz (33,160 Kilometer) und von der Staatsgrenze nächst Schober bis zur Staatsgrenze nächst Schönbichl (44,835 Kilometer)

Der erste Teil der Mittenwaldbahn beginnt in Innsbruck Westbahnhof in 583 Meter Seehöhe, quert das Inntal und steigt ab dem Bahnhof Innsbruck Hötting entlang der Martinswand mit bis zu 37 Promille an. Bei Reith in 1120 Meter Seehöhe verlässt die Bahn das Inntal und strebt in nördlicher Richtung weiter bergwärts. In Seefeld in Tirol in 1181 Meter Seehöhe endet die Steigung, die Bahn fällt nun dem Drahnbach entlang ab, passiert nach dem Bahnhof Scharnitz in 964 Meter Seehöhe bei Kilometer 33,160 die Staatsgrenze zu Deutschland und fährt bis Garmisch-Partenkirchen in Bayern. Hier beginnt der zweite Teil der Mittenwaldbahn. In Kilometer 30,445, vor der ehemaligen Haltestelle Schober in 821 Meter Seehöhe, passiert die Bahn die Staatsgrenze und steigt dann entlang der Loisach an. In Ehrwald Zugspitzbahn wechselt sie ins Tal des Grundbaches und steigt dem Fluss entlang bis zur Haltestelle Lähn in 1106 Meter Seehöhe an. Weiter geht es durch die Ehrenberger Klause und den 512,54 Meter langen Klausentunnel bis Reutte in Tirol. Hier, in 848,95 Meter Seehöhe, schließt die Mittenwaldbahn in Kilometer 0,000 an die Außerfernbahn in Kilometer 14,390 an. Die Strecke folgt nun der Lech, dann der Vils bis zur Haltestelle Schönbichl in 831,68 Meter Seehöhe, wo in Kilometer 0,000 die Staatsgrenze folgt.

Tirol besaß mit der Hauptbahn über Kufstein eine durchgehende Bahnverbindung aus dem Norden Europas. Vom bayerischen Gebiet führten mehrere Linien Richtung Staatsgrenze, für einen Weiterbau nach Tirol war allerdings die Topografie mit dem Abfall ins Inntal hinderlich.

Als sich Reutte in Tirol um den Anschluss an das Eisenbahnnetz bemühte, zeigte sich, dass dies von Bayern her am einfachsten zu realisieren war. Am 11. Jänner 1895 erhielt der Bürgermeister von Reutte die Vorkonzession, im Anschluss daran begannen die Planungen. Am 11. Oktober 1904 wurde die Konzession für die Strecke von der Staatsgrenze nächst Schönbichl bis Reutte in Tirol erteilt. Die Arbeiten am Bau der eingleisigen Normalspurbahn begannen Anfang November 1904 und endeten mit der Prüfung am 9. Dezember 1905 und der Betriebsaufnahme am 16. Dezember 1905. Im April 1905 war die AG Lokalbahn Schönbichl–Reutte gegründet worden.

Für den Bau einer Schmalspurbahn von Innsbruck über Seefeld nach Bayern wurden am 30. Oktober 1892 und am 20. August 1894 Vorkonzessionen erteilt. Ing. Dr. h. c. Josef Riehl plante schließlich eine elektrische Normalspurbahn mit bis zu 37 Promille Steigung und eine zweite Strecke über Bayern nach Reutte in Tirol. Der Elektrobetrieb bot sich hier an, da einerseits genügend Wasserkraft zur Stromerzeugung vorhanden war und andererseits größere Steigungen als beim Dampfbetrieb angewendet werden konnten. Darüber hinaus bestand für diese Strecke kein besonderer militärischer Bedarf. Am 22. November 1904 wurde zwischen Österreich und Bayern ein Staatsvertrag abgeschlossen, mit dem sich Bayern verpflichtete, die beiden Strecken von der Staatsgrenze bis Garmisch-Partenkirchen herzustellen.

Die Konzession für beide Strecken in Österreich wurde am 1. Juli 1910 erteilt, mit den Arbeiten an der eingleisigen Normalspurbahn mit elektrischem Betrieb begann man im August 1910. Als Stromsystem wählte man Wechselstrom mit niederer Frequenz. Während des Bahnbaus kam es zwischen Bayern und Österreich zur Fixierung des Stromsystems, dabei war vor Baubeginn 10 kV Wechselspannung mit 15 Hz vorgesehen, dann wurden jedoch 15 kV mit 16 2/3 Hz festgelegt. Im Lauf der Bauarbeiten konnte die Spannung noch angehoben, die Frequenz nicht mehr geändert werden.

Die Strecke von Innsbruck Westbahnhof bis zur Staatsgrenze nächst Scharnitz wurde am 18. Oktober 1912 geprüft und am 28. Oktober 1912 in Betrieb genommen. Anfangs gab es elektrischen Betrieb nur ab Innsbruck Westbahnhof. Am 18. März 1913 wurde die elektrische Ausrüstung zwischen Innsbruck Hauptbahnhof und Westbahnhof geprüft, am 20. März 1913 konnte der elektrische Betrieb aufgenommen werden. Zu beachten ist aber, dass am Hauptbahnhof nur die Gleise 6 und 8 einschließlich der Weichen mit Fahrleitung ausgerüstet waren. Die Strecke von der Staatsgrenze nächst Schober bis Reutte wurde am 17. Mai 1913 geprüft und am 28. Mai 1913 in Betrieb genommen. 1912 war die AG Mittenwaldbahn gegründet worden. Den Betrieb führten die Österreichischen Staatsbahnen.

Vom 24. bis 27. Februar 1914 wurde die elektrifizierte Strecke daraufhin untersucht, unter welchen Bedingungen fallweise auch Dampflokomotiven eingesetzt werden konnten. Die nachfolgende Genehmigung schrieb die Feuerung der Loks mit Koks vor.

Anlässlich der Elektrifizierung der Arlbergbahn wurden die elektrischen Anlagen so weit verändert, dass auch auf dieser Strecke die genormte Frequenz von 16 2/3 Hz verwendet werden konnte.

Die Verstaatlichung der Mittenwaldbahn erfolgte am 1. Jänner 1935, jene der Lokalbahn von Schönbichl nach Reutte am 1. Jänner 1939.

Neben der Substanzerhaltung beider Bahnen gab es keine wesentlichen Erweiterungen, wenn man vom Bau von Lawinenschutzdächern absieht. Die Umgestaltung der Tunnels für den Einsatz des neuen Stromabnehmers erfolgte 1939 und war am 15. Mai 1939 abgeschlossen.

Die Bahnanlagen wurden laufend modernisiert, dabei ließ man aber die Fahrleitung der Strecke von Garmisch-Partenkirchen nach Reutte in Tirol aus. Daher wurde von 1993 bis 8. September 1996 in Österreich die Fahrleitung abgeschaltet und saniert. Vom 16. Oktober bis 3. November 2000 wurde im bayerischen Streckenteil die Fahrleitung aus Sicherheitsgründen abgetragen. Nach dem Setzen des ersten Fahrleitungsmastes am 10. Juli 2002 konnte die neue Fahrleitung am 14. September 2002 um 10.34 Uhr wieder eingeschaltet und in Betrieb genommen werden.

Als Nächstes überlegte man, auch die restliche Strecke bis Schönbichl zu elektrifizieren. Dazu unterzeichneten der Freistaat Bayern und das Land Tirol am 29. September 2017 einen entsprechenden Vertrag. Die erste elektrische Probefahrt von Reutte bis zur Grenze erfolgte am 5. November 2019, die feierliche Eröffnung am 11. November 2019. Dabei wurden jedoch nur die Güterzüge bis zum Zementwerk im Bahnhof Vils elektrisch geführt.

Am 6. September 2021 begann die Elektrifizierung ab der Staatsgrenze in Bayern, und seit 12. Dezember 2021 ist die Strecke über die Staatsgrenze elektrisch in Betrieb, sodass nun auch der Personenverkehr elektrisch abgewickelt werden kann. Somit steht die erste in Österreich elektrifizierte Vollbahn auch in Zukunft mit einem modernen Betrieb zur Verfügung.

Der Regionalzug 5432, gebildet aus 4020 111, 7020 111 und 6020 111, wartet am 27. Oktober 1991 in der Betriebsausweiche Martinswand unter dem 66 Meter langen, 1968 gebauten Lawinenschutzdach auf die Weiterfahrt nach Mittenwald.

1044 088 mit Eilzug 1885 überquert bei der Fahrt nach Innsbruck am 25. August 1991 das Vorberg-Viadukt (Bogen von 10 Meter, 22 Meter, 22 Meter, 22 Meter und 8 Meter lichter Weite). Hier erklimmt die Bahnstrecke mit einer Talschleife die Höhe, daher erkennt man auf der anderen Talseite das Portal des Fragensteintunnels und anschließend das Lehnen-Viadukt und das Kaiserstand-Viadukt (Bogen zu 6 Meter, 22 Meter und 7 Meter lichter Weite).

1145.08 und 1145.04 passieren am 4. September 1958 mit Zug 2915 die 56 Meter lange Schlossbachbrücke.

1044 099 hat am 26. Oktober 1991 mit Eilzug 118 den Fragensteintunnel verlassen und strebt nun über das Lehnen-Viadukt (Bogen von 5 Meter, 5 Meter, 8 Meter und 8 Meter lichter Weite) weiter bergauf zum Bahnhof Reith.

1145.15 mit Personenzug 2918 am 4. September 1958 auf dem Gurglbach-Viadukt (Bogen zu 6 Meter, 12 Meter, 22 Meter, 10,5 Meter und 5,6 Meter lichter Weite) bei Reith. Die auf dem Bild zu erkennenden runden Materialersparnisöffnungen wurden nachträglich zubetoniert.

Das unterhalb des Bahnhofs Reith gelegene Gurglbach-Viadukt quert am 7. Dezember 1990 1042 611 mit Eilzug 685 bei der Fahrt nach Innsbruck. Den Hintergrund prägt die nach einem Brand 1893 neu gebaute Pfarrkirche des Ortes.

Bei der Bergfahrt hat am 7. Juli 1993 die 1042 613 mit Eilzug 1888 den Bahnhof Reith erreicht.

Bei der Fahrt nach Pfronten-Steinach wird am 11. August 1995 der 5047 028 als Regionalzug 5468 gleich die Einfahrweiche des Bahnhofs Lermoos erreichen. Die damals noch nicht elektrifizierte Strecke ab Reutte in Tirol erforderte einen Dieseltriebwagen.

Am 13. Juli 1991 hat die 1042 609 mit Eilzug 1884 den Bahnhof Ehrwald-Zugspitzbahn verlassen und passiert nun das Loisach-Viadukt (Bogen von 10 Meter, 15 Meter, 10 Meter und 10 Meter lichte Weite). Am Viadukt sind die Materialsparöffnungen über den Pfeilern gut zu erkennen. Durch diese Öffnungen konnte man beim Bau des Viadukts Kosten sparen, ohne dabei die Tragfähigkeit zu beeinflussen.

Im Bahnhof Reutte in Tirol stehen DB 628 014 als Regionalzug 5458, 1042 615 mit Eilzug 1887, dem an der Zugspitze zwei Güterwagen zugegeben wurden, und DB 140 066 mit Regionalzug 5415. Am 13. Juli 1991 endete hier der elektrische Betrieb, daher musste für die Weiterfahrt ein Dieseltriebwagen bereitgestellt werden.

Nach der Fertigstellung der Fahrleitung wurden ab 11. November 2019 die Güterzüge zum Zementwerk in Vils elektrisch geführt. Am 20. März 2020 ist 1293 034 mit einem Zementzug bei Pflach unterwegs.

Bei Pflach führt diese Brücke mit drei Bogen zu je 5 Meter lichter Weite, einem Tragwerk mit 50 Meter Länge und einem weiteren Bogen mit 5 Meter lichter Weite über die Lech. Am 10. November 2019 fährt DB-Triebwagen 642 715 über die Lechbrücke.

Die DB-Garnitur 425 552 ist bei Ehrwald-Zugspitzbahn unterwegs.

Am 12. Dezember 2021, dem Tag der Aufnahme des elektrisch betriebenen Personenverkehrs über die Grenze, fährt die DB-Garnitur 2442 217 kurz vor der Haltestelle Vils Stadt. Hinter dem Zug sieht man die Materialseilbahn des Zementwerks und am rechten Bildrand die Ruine der bereits seit 1263 bekannten Burg Vilsegg.

Die Nebenbahnen in Vorarlberg

Von Bludenz nach Schruns (12,874 Kilometer)

Die Montafonerbahn verlässt den Bahnhof Bludenz in 558,38 Meter Seehöhe am Ostkopf und folgt mit bis zu 25 Promille ansteigend der Ill bis zum Bahnhof Schruns in 681,02 Meter Seehöhe.

Mit der Inbetriebnahme der Arlbergbahn 1884 entstand im Montafon der Wunsch des Anschlusses ans Eisenbahnnetz. Am 4. April 1890 wurde die Vorkonzession für eine schmalspurige Lokalbahn von Bludenz nach Schruns erteilt, 1893 folgten Pläne für eine elektrische Straßenbahn mit 760 Millimeter Spurweite, 1896 für eine schmalspurige elektrische Lokalbahn und 1897 die Vorarbeiten für eine normalspurige elektrische Lokalbahn. Am 24. Dezember 1904 wurde die Konzession erteilt und am 1. März 1905 mit den Arbeiten an der Strecke begonnen. Nach Prüfung am 7. Dezember 1905 wurde die Bahn am 18. Dezember 1905 eröffnet und erst am 20. März 1906 die AG der Montafonerbahn Bludenz–Schruns gegründet. Den Betrieb der eingleisigen Linie mit 650 V Gleichstrom führte die Staatsbahn.

Der Verkehr entwickelte sich sehr gut, doch der Wasserstand der Litz sorgte für Probleme. Im Winter 1905/1906 führt der Fluss so wenig Wasser, dass die Stromerzeugung für die Bahn nicht mehr ausreichte und zeitweise eine Dampflokomotive aushelfen musste. Im Mai 1906 beschädigte Schneeregen die Fahrleitung, später führte die Ill Hochwasser, wodurch es zu einer Unterbrechung der Strecke kam. Am 14. und 15. Juni 1910 zerstörte Hochwasser der Ill insgesamt 7 Kilometer der Bahn. Sie war erst am 11. Juli 1911 nach der Umlegung der Bahntrasse auf 3,194 Kilometer Länge wieder vollständig befahrbar.

Zu Schwierigkeiten kam es aufgrund der Elektrifizierung der Arlbergbahn. Im Bahnhof Bludenz hatten drei Gleise für die Montafonerbahn eine Gleichstromfahrleitung. Ab August 1924 musste die Gleichstromfahrleitung entfernt werden, die

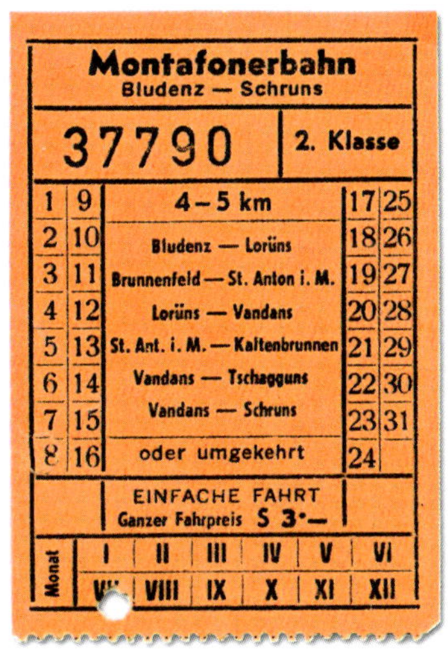

Schaffnerkarte der Montafonerbahn aus dem Jahr 1966. Originalgröße: 46 x 65 Millimeter.

Züge wurden in und aus dem Bahnhof mit Dampflokomotiven befördert. 1925 erhielten die Triebwagen Akkus für die Ein- und Ausfahrt in Bludenz. 1929 ersetzte man die Akkus durch in Triebwagen eingebaute Benzinaggregate.

Aufgrund der hohen Kosten der Betriebsführung durch die Staatsbahn führte die Montafonerbahn ab 1. August 1926 den Betrieb selbst.

Ab 1925 wurden im Gebiet der Silvretta mehrere Kraftwerke geplant und gebaut. Zum Transport der Baumaterialien bestand von 1928 bis 1963 von Tschagguns aus eine schmalspurige Materialbahn bis Partenen.

Den Zweiten Weltkrieg überstand die Montafonerbahn unbeschädigt. Danach begann man mit der Sanierung und teilweisen Umlegung der Strecke. Die Fahrzeuge wurden modernisiert, zum Einsatz kamen nun auch Zweisystemwagen. Als die Fahrleitung erneuert werden musste, beschloss man, die neue Fahrleitung für das Vollbahnstromsystem zu errichten und damit das seit 1924 bestehende Stromproblem in Bludenz endgültig zu lösen. Diese Änderung wurde ab 1968 ausgeführt. Am 6. März 1972 erfolgte um 10 Uhr die Umstellung auf Wechselstrom. Seither wurde die Montafonerbahn mit neuen Fahrzeugen ausgestattet, die direkte Zugfahrten von Schruns bis Bregenz ermöglichen. Viele weitere Verbesserungen führten zu einem zeitgemäßen Eisenbahnbetrieb.

Die Lok E 10.001 verlässt am 5. August 1956 den Bahnhof Bludenz Richtung Schruns. Die Zweisystemlok konnte mit Gleichstrom aus der Fahrleitung oder aus einem Dieselaggregat betrieben werden. Gut erkennbar ist der Unterschied zwischen den beiden Fahrleitungen: links die aufgrund der geringen Spannung einfache Gleichstromfahrleitung und rechts die wegen der Hochspannung des Wechselstroms aufwendige Fahrleitung der ÖBB.

Vor dem Aufnahmsgebäude in Bludenz wartet am 2. August 1953 der Triebwagen Cmg 1 (einer der beiden Triebwagen aus dem Eröffnungsjahr 1905) mit den Wagen Ci 3, Ci 6 und Ci 2 als Personenzug 23 auf die Abfahrt nach Schruns. Für die Fahrt unter ÖBB-Fahrleitung hat der Triebwagen ein Benzinaggregat.

Der Regionalzug 8936, gebildet aus ET 10.110 und ET 10.109, hat die Haltestelle Bludenz-Moos verlassen und fährt am 20. Oktober 2001 weiter zum Bahnhof Bludenz.

Am 28. Mai 1967 spiegelt sich ET 10.103 der Montafonerbahn bei Vandans im Auslaufbecken des Kraftwerks der Illwerke. Diesen Triebwagen, der mit dem Wechselstromsystem der ÖBB und dem eigenen Gleichstromsystem betrieben werden kann, baute die Montafonerbahn selbst aus dem ausgemusterten Dieseltriebwagen VT 63 907 der Deutschen Bahn und nahm ihn 1965 in Betrieb.

Am 20. Oktober 2021 hat Regionalzug 8930 mit den Wagen ET 10.108 und ES 10.208 den Endbahnhof Schruns erreicht. Das noch aus den Anfangstagen der Bahn stammende Aufnahmsgebäude des Bahnhofs wird gerade renoviert.

Von Bregenz nach Bezau (35,440 Kilometer)

Die Bregenzerwaldbahn verließ den Bahnhof Bregenz in 398 Meter Seehöhe Richtung Süden und bog dann nach Osten ab, passierte den Bahnhof Bregenz Vorkloster und strebte im Engtal der Bregenzer Ache aufwärts bis Egg in 553 Meter Seehöhe. Hier weitet sich das Tal, die Bahn entfernte sich von der Bregenzer Ache und stieg weiter an. In 636 Meter Seehöhe bei Schwarzenberg näherte sich die Bahn wieder der Bregenzer Ache, übersetzte zweimal den Fluss und endete im Bahnhof Bezau in 642 Meter Seehöhe.

Im Jahr 1870 gab es erste Überlegungen einer Eisenbahn in den Bregenzerwald. Am 19. Juni 1881 erteilte das Handelsministerium die Bewilligung für technische Vorarbeiten für eine schmalspurige Lokalbahn von Bregenz über Bezau nach Au. Es folgten einschlägige Planungen, und am 11. August 1899 wurde die Konzession für die Schmalspurbahn von Bregenz nach Bezau erteilt. Die AG Bregenzerwaldbahn wurde am 25. Mai 1900 gegründet, am 7. September 1900 begannen die Arbeiten an der Strecke. Nach der Prüfung am 11. September 1902 folgte am 15. September 1902 die Aufnahme des Bahnbetriebs. Die eingleisige Strecke mit einer Spurweite von 760 Millimetern wurde zwischen Bregenz und Bregenz Vorkloster vierschienig geführt, sodass sie auch für Normalspurfahrzeuge befahrbar war. Den Betrieb führte die Staatsbahn. In den ersten Jahren konnte ein Betriebsüberschuss erwirtschaftet werden.

Auf der Trasse im engen Tal der Bregenzer Ache führten Hochwasser und Hangrutschungen immer wieder zu Betriebsunterbrechungen und aufwendigen Baumaßnahmen. 1931 plante man, den Betrieb der Bahn der Firma Stern und Hafferl zu übergeben und die Strecke zu elektrifizieren. Dies kam jedoch nicht zustande – am 1. Jänner 1932 wurde die Bahn verstaatlicht und die AG Bregenzerwaldbahn liquidiert. Aufgrund des weiteren Betriebsabgangs wollte die Staatsbahn die Strecke 1937 stilllegen, was allerdings vom Eisenbahnministerium per Bescheid vom 5. Februar 1937 nicht gestattet wurde.

Von 1939 bis Mitte 1943 erfolgte der Bau von drei Schrankenanlagen und eines Einheitsstellwerks in Vorkloster.

Nach Kriegsende erweiterte man in Vorkloster die normalspurigen Anschlussbahnen, ab 15. Jänner 1955 wurden sie elektrifiziert. Die Strecke wurde zeitgemäß ausgebaut, die Fahrzeuge erneuert. Aufgrund des hohen Betriebsabgangs blieb die Möglichkeit der Einstellung aber weiter bestehen.

Das Ende kam dennoch überraschend und in mehreren Schritten. Am 17. April 1980 führte die Unterwaschung der Rotachbrücke nach Langen-Buch durch ein Hochwasser bis 16. Juni 1980 zur Einstellung des Betriebs. Am 3. Juli 1980 sorgte eine Hangrutschung vor Fluh für einen Ausfall des Betriebs bis zum 5. Juli 1980, eine neuerliche Hangrutschung ließ am 14. Juli 1980 den Verkehr auf der Strecke stillstehen. Nach weiteren Hangrutschungen am 13. August 1980 wurden die Reparaturarbeiten eingestellt. Auf der Strecke zwischen Kennelbach und Egg wurde der Betrieb nicht wieder aufgenommen. Steinschlaggefahr war der Grund für die Einstellung der Strecke zwischen Egg und Bezau am 21. Oktober 1980. Die Reststrecke von Bregenz bis Kennelbach blieb noch bis 10. Jänner 1983 in Betrieb. Am 22. Oktober 1984 begann der Abtrag der Strecke, der Betrieb auf den Anschlussbahnen vom Bahnhof Bregenz bis Vorkloster endete im Jahr 1988.

Von 1974 bis zur Streckenunterbrechung 1980 gab es für Touristen eigene, mit Dampflokomotiven bespannte Züge. Bald nach Ende des Schmalspurbetriebs bemühte man sich, zumindest ein Teilstück weiter zu erhalten und gründete dazu am 29. November 1985 den Verein Bregenzerwaldbahn-Museumsbahn. Schließlich konnte am 31. Dezember 1987 zwischen Schwarzenberg und Bezau der Museumsbetrieb aufgenommen werden, die Verlängerung bis Bersbuch erfolgte am 13. Mai 1989. Doch auch die Museumsbahn blieb von Unwetterschäden nicht verschont. Am 22. Mai 1999 unterspülte Hochwasser der Bregenzer Ache einen Pfeiler der Brücke in Kilometer 30,726 nach Schwarzenberg, wodurch ein Gewölbebogen einstürzte und das 30,92 Meter lange Mitteltragwerk in den Fluss stürzte. Die Reparatur der Brücke begann am 11. November 1999 und endete mit der Belastungsprobe am 5. Mai 2000. Die Museumsbahn ist erfolgreich in Betrieb wird derzeit nur durch die Folgen der Corona-Pandemie behindert.

Im Bahnhof Bregenz steht am 21. September 1975 die 2095.06 mit Personenzug 5915 nach Bezau neben dem mit 1670.102 bespannten Personenzug.

Im engen Tal der Bregenzer Ache fährt am 21. September 1975 ein Touristenzug mit der Lok 4 der Zillertalbahn (22 der Salzkammergutlokalbahn).

Nach Unterbach strebt am 21. September 1975 die Lok 4 der Zillertalbahn mit einem Sonderzug Richtung Bezau. Im Hintergrund zwei Häuser im für den Bregenzerwald typischen Baustil.

Am 13. Oktober 1974 erreicht die Lok 4 der Zillertalbahn mit einem Touristenzug die Einfahrweiche von Schwarzenberg. Diese Lok war damals für Tourismuszüge auf der Bregenzerwaldbahn im Einsatz.

Im Bahnhof Bezau wartet am 21. September 1975 die 2095.04 mit Zug 5910 auf die Abfahrt nach Bregenz.

Die Straßenbahnen

Straßenbahn Innsbruck

1858 erreichte die Eisenbahn die Stadt Innsbruck, ab 1885 gab es Überlegungen zum Bau von Straßenbahnen. Die ersten Vorkonzessionen betrafen eine Linie von der Maria-Theresien-Straße über Wilten nach Amras am 20. Mai 1887 und eine Linie von Innsbruck nach Solbad Hall am 6. Dezember 1887. Das Projekt einer schmalspurigen Straßenbahn mit Lokomotivbetrieb von Innsbruck (Bergisel) nach Solbad Hall wurde weiterverfolgt und erhielt am 18. September 1889 die Konzession. Die Arbeiten am Bau der Strecke begannen im Jänner 1890 und endeten mit der Prüfung der 12,1 Kilometer langen Bahn mit 1000 Millimeter Spurweite am 3. Mai 1891. Ohne die Betriebsbewilligung der Behörde abzuwarten, wurde die Bahn am 1. Juni 1891 in Betrieb genommen. Die Linie begann in Solbad Hall, führte entlang der Bundesstraße weiter und dann über Haller Straße, Mühlauer Brücke, Rennweg, Herzog-Otto-Straße, Markgraben, Burggraben, Maria-Theresien-Straße und Leopoldstraße zum Bahnhof Bergisel. Die Linie kreuzte bei Loretto die aus Kufstein kommende Strecke und beim Westbahnhof die zum Arlberg führende Hauptbahn niveaugleich. Beide Kreuzungen wurden durch Schrankenanlagen gesichert. Die Gründung der Gesellschaft Lokalbahn Innsbruck–Hall in Tirol erfolgte am 17. Juni 1893.

Als nächstes Bauprojekt folgte die Linie vom Bahnhof Bergisel nach Igls. Die Arbeiten am Bau der Strecke begannen im August 1899 noch vor der Erteilung der Konzession am 15. Jänner 1900 und endeten mit der Prüfung am 23. Juni 1900. Die 8,362 Kilometer lange Linie mit 1000 Millimeter Spurweite hat Steigungen bis zu 46 Promille und überwindet 269,91 Meter Höhenunterschied. Der erste Zug verkehrte mit Lok 2 und drei Wagen am 28. Juni 1900. Für diese Strecke gründete man am 21. Jänner 1901 die Gesellschaft Innsbrucker Mittelgebirgsbahn.

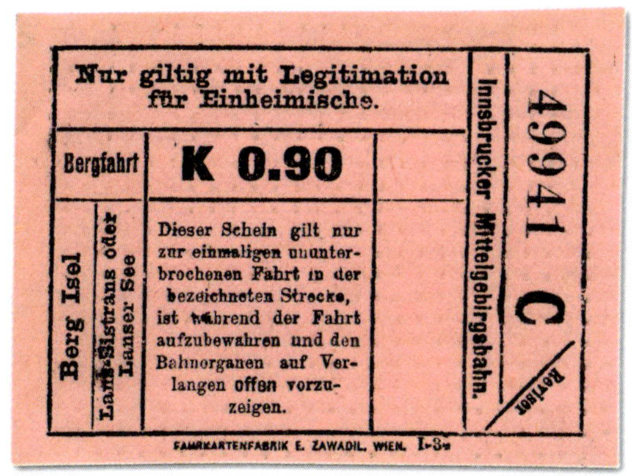

Schaffnerkarte der Mittelgebirgsbahn. Eine Besonderheit waren die verbilligten Karten für die Stadtbewohner. Originalgröße: 70 x 50 Millimeter.

Als Besonderheit ist die kurze Pferdebahnlinie zu erwähnen, die von der Strecke zwischen Innsbruck und Solbad Hall abzweigte und vom 29. Mai 1893 bis Ende 1893 auf das Gelände der Landesausstellung führte.

Als Nächstes verwirklichte man Straßenbahnlinien im Stadtgebiet. Die ab 1903 im Bau stehende Stubaitalbahn war von Anfang an für elektrischen Betrieb vorgesehen. Die Straßenbahnstrecken sollten daher mit dem gleichen Stromsystem ausgerüstet werden, um es den Zügen der Stubaitalbahn zu ermöglichen, bis zum Hauptbahnhof zu fahren. Das Stromsystem mit Wechselstrom bewährte sich allerdings nicht besonders, was am 29. März 1905 zur Genehmigung der Elektrifizierung der Straßenbahn mit Gleichstrom mit 550 V führte. Die Lokalbahn Innsbruck–Hall in Tirol realisierte und betrieb folgende Linien:

- 15. Juli 1905: Von Hauptbahnhof über Museumstraße, Maria-Theresien-Straße, Anichstraße, Andreas-Hofer-Straße und Westbahnhof nach Bergisel.
- 18. November 1905: Von Hauptbahnhof über Ing.-Etzel-Straße nach Claudiastraße.
- 13. Juni 1908: Von Maximilianstraße über Salurmer Straße nach Hauptbahnhof.
- 28. August 1909: Verbindung der Linie in der Claudiastraße mit der Linie von Innsbruck nach Solbad Hall.
- 5. November 1909: Provisorische Linie in der Fischergasse (eingestellt 21. Dezember 1920).
- 30. Dezember 1911: Von Museumstraße über Amraser Straße, Defreggerstraße zur Pradler Straße.

Es folgte die Elektrifizierung der Linie von Bergisel bis Schießstand am 28. August 1909 und der Fortsetzung nach Solbad Hall am 7. Jänner 1910.

Alle diese Linien waren eingleisig und hatten Betriebsausweichen. Der steigende Straßenbahnverkehr erforderte den zweigleisigen Ausbau der Linien in der Stadt. Dies geschah abschnittsweise zwischen 1913 und 1941, einzelne Schnürstellen blieben bis 1975.

Die Straßenbahn bewährte sich grundsätzlich, doch sanken nach dem Ersten Weltkrieg die Einnahmen. Die Mittelgebirgsbahn wies ab 1918 einen Betriebsabgang auf. Dies führte zu vielen Betriebseinschränkungen und verhinderte die Elektrifizierung dieser Strecke. Am 1. Jänner 1927 übernahm die Lokalbahn Innsbruck–Hall in Tirol die Innsbrucker Mittelgebirgsbahn. Erst 1936 fiel der Entschluss, die Strecke zu elektrifizieren. Die Arbeiten an der Strecke begannen am 13. März 1936 und wurden mit der Prüfung am 16. Juni 1936 abgeschlossen. Am 28. Juni 1936 konnte der elektrische Betrieb aufgenommen werden, damit endete der Betrieb mit Dampflokomotiven auf der Straßenbahn in Innsbruck.

Während des Zweiten Weltkrieges kam es zur Umlegung der Linie von Innsbruck nach Solbad Hall. Die Strecke von der Hungerburgbahn bis zum Burggraben wurde aufgelassen und die Linie über die Claudiastraße und Museumstraße zur Maria-Theresien-Straße geführt. Weiters wurde die Verbindung nach Amras am 2. Oktober 1941 um etwa 200 Meter verlängert und mit einer Schleife versehen. Am 27. Oktober 1941 beschloss das Handelsgericht die Änderung des Firmennamens von Lokalbahn Innsbruck–Hall in Tirol auf Innsbrucker Verkehrsbetriebe.

Die Bombenangriffe auf Innsbruck verursachten auch bei der Straßenbahn viele Schäden, doch konnten nach Kriegsende wieder alle Linien in Betrieb genommen werden.

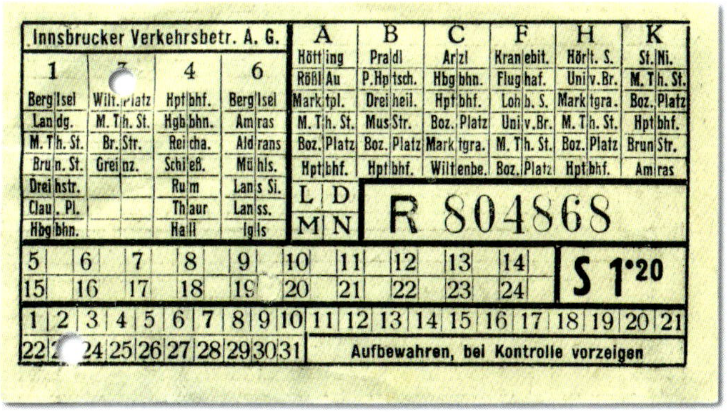

Schaffnerkarte der Innsbrucker Straßenbahn.

Der Ersatz der Kreuzung mit der Hauptbahn in Loretto durch eine Brücke erfolgte am 11. Dezember 1952. Der Bau der neuen Verbindungen zwischen Hauptbahnhof und Westbahnhof erforderte am 3. Oktober 1960 die Auflassung der Strecke über die Bahn bei der Leopoldstraße und die Führung der Linie nach Solbad Hall über die Andreas-Hofer-Straße. Die eisernen Brücken der Straßenbahn über die Bahn beim Westbahnhof wurden am 25. Jänner 1956 aufgelassen, die Strecke über ein Provisorium und ab 15. August 1956 über die endgültige zweigleisige Brücke geführt.

Am 31. Dezember 1964 wurde die restliche Linie in der Leopoldstraße bis zur Triumphpforte aufgelassen. Dann schien das Ende des Straßenbahnbetriebs in Innsbruck gekommen zu sein. Die Linie nach Solbad Hall wurde am 8. Juni 1974 eingestellt. Am 17. April 1976 meldeten Zeitungsberichte, wegen der zu hohen Kosten der Gleisanpassung an das neue Verkehrssystem in der Stadt sei der Ersatz der Straßenbahn durch Busse vorgesehen. Doch es kam anders. Am 20. Juni 1976 beschloss der Gemeinderat den Weiterbetrieb der Straßenbahn.

Bereits am 10. Oktober 1973 war der neue Betriebsbahnhof bei der Pastorstraße genehmigt worden. Die Räume des neuen Bahnhofs stellte man für die Olympischen Spiele des Jahres 1976 den Funk- und Fernsehanstalten zur Verfügung. Im Anschluss daran wurde der Bahnhof fertig gebaut und am 12. Oktober 1981 für die Straßenbahn in Betrieb genommen. Anschließend folgte der Abbruch des alten Bahnhofs Bergisel, seit 11. Oktober 1981 gibt es hier nur mehr eine Haltestelle und eine Schleife.

Nach langen Planungen des weiteren Ausbaus der Straßenbahn begannen am 26. März 2005 die Bauarbeiten zur Realisierung des Regionalbahnkonzepts. Seither sind folgende neue Linien entstanden:

- 1. Dezember 1995: Von Marktgraben bis Anichstraße.
- 26. Oktober 2012: Verlängerung von Philippine-Welser-Straße bis Amras.
- 15. Dezember 2012: Von Anichstraße bis Höttinger Au.
- 1. Dezember 2017: Von Höttinger Au bis Peerhofsiedlung.
- 1. Dezember 2017: Von Technikerstraße bis Technik West; in Bau bis Völs.
- 14. Dezember 2017: Von Pastorstraße bis Duilestraße mit neuem Betriebsbahnhof.
- 6. März 2018: Streckenverlegung Amraser Straße.
- 25. Jänner 2019: Von Leipziger Platz bis Josef-Kerschbaumer-Straße.
- 25. Jänner 2019: Von Schützenstraße bis Wendeanlage; seit 4. März 2023 bis Rum.

Die Linien sind bis auf die Außenstrecken nach Igls und Völs zweigleisig. Weitere drei Linien sind in Planung.

Für den elektrischen Betrieb wurden kleine zweiachsige Triebwagen für die innerstädtischen Linien und große vierachsige Triebwagen für die beiden Außenlinien beschafft, als Beiwagen verwendete man die Wagen aus dem Dampfbetrieb weiter. Am 29. Juli 1966 kam der erste Gelenktriebwagen und am 16. Oktober 2007 der erste Niederflurwagen zum Einsatz. Für die neuen Wagen erhöhte man am 4. Mai 2009 die Fahrdrahtspannung auf 750 V Gleichspannung.

In Innsbruck kamen auch O-Bus-Linien zum Einsatz. Vom 26. Juni 1944 bis 29. Februar 1976 gab es drei Linien mit 14,7 Kilometer Länge. Vom 18. Dezember 1988 bis 25. Februar 2007 gab es zwei Linien.

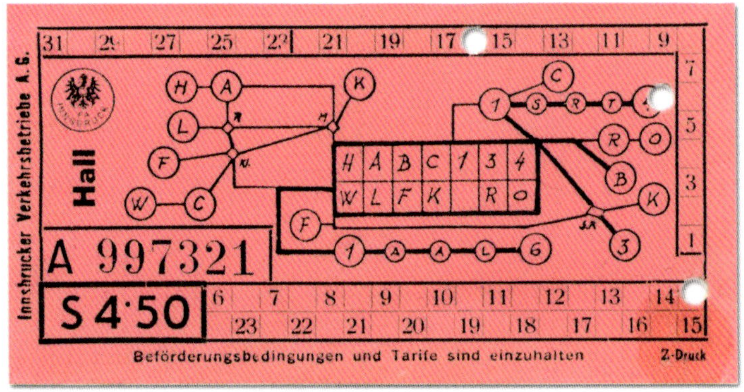

Schaffnerkarte der Innsbrucker Straßenbahn aus dem Jahr 1966. Originalgröße: 96 x 50 Millimeter.

Am 28. August 1954 fährt Triebwagen 60 auf der Linie 1 über die eiserne Brücke, mit der die alte ÖBB-Strecke beim Westbahnhof übersetzt wurde. Wagen 60 wurde am 2. Juli 1944 in Betrieb genommen und war viele Jahre der modernste Straßenbahnwagen Österreichs (Stahlkasten, automatische Türen …). 1977 wurde er abgestellt und danach an die Kärntner Museumsbahnen in Klagenfurt verkauft. Im Februar 1990 kam er zu den Tiroler Museumsbahnen in Innsbruck, wurde saniert und ist seit 7. September 1991 wieder betriebsfähig.

Triebwagen 27 mit Beiwagen 152 hat als Zug der Linie 3 am 26. August 1959 die Triumphpforte (gebaut 1765) passiert und fährt nun in der Leopoldstraße bis zum Bahnhof Bergisel. Hier fuhr bis 1960 auch die Linie 4 nach Solbad Hall.

Bei der Bergfahrt der Mittelgebirgsbahn (heute Linie 6) fährt am 2. September 1958 Triebwagen 3 mit vier Beiwagen in die Haltestelle Mühlsee.

Ein Zug der Linie 4 (von Solbad Hall zum Hauptbahnhof) mit den Wagen 1, 119, 116, 139 und 123 auf der Auffahrt zur Brücke über die Inntalstrecke der ÖBB. Züge mit vielen kleinen Beiwagen, so wie hier am 31. Juli 1960, waren bis zur Einstellung typisch für diese Linie.

Den Bahnhof Bergisel hat der Zug der Linie 1 mit den Wagen 49 und 148 am 26. August 1959 verlassen, nun fährt er vor der prächtigen Kulisse der Wiltener Basilika (gebaut 1751 bis 1755).

In der Ausweiche Thaur kreuzt ein Zug der Linie 4 (mit Triebwagen 1 und zwei Beiwagen) mit einem weiteren Zug der Linie 4 (mit Triebwagen 5 und zwei Beiwagen).

Wagen 85 überquert am 22. Oktober 1977 als Zug der Linie 1 die Brücke über den Westbahnhof in Innsbruck.

Von Igls kommt am 22. Oktober 1977 ein Zug der Linie 6 mit den Wagen 2, 112 und 111. Die Errichtung der Autobahn in diesem Bereich führte zu den im Bild sichtbaren Baustellen. Ab 1. September 1977 fuhr die Linie 6 über diese provisorische Sillbrücke, ab 9. September 1977 über die im Hintergrund sichtbare fertige Brücke über die Autobahn. Die Bauarbeiten endeten am 8. Juni 1978.

Am 26. Jänner 2019, dem Tag nach der Eröffnung der Strecke, übersetzt Wagen 303 als Zug der Linie 5 die über den Inn führende Grenobler Brücke.

Wagen 323 der Linie 2 verlässt am 26. Jänner 2019 die Endstelle Josef-Kerschbaumer-Straße. Daneben steht der gerade angekommene Wagen 311. Die Straßenbahn in Innsbruck setzt heute Zweirichtungswagen ein und benötigt daher keine aufwendigen Schleifen.

Von Dornbirn nach Lustenau (11,622 Kilometer)

Die Straßenbahn hatte ihren Ausgangspunkt vor dem Bahnhof in Dornbirn, gelangte durch die Bahnhofstraße zum Marktplatz und weiter durch die Marktstraße bis zur Brücke über die Dornbirner Ache. Nach der Brücke bog sie in die Lustenauerstraße ein. Hier befanden sich das Betriebsgebäude und eine Wagenremise. Danach führte die Bahn durch die Lustenauerstraße und weiter über freies Feld bis Lustenau. Dort ging es durch die Dornbirner Straße, die Kaiser-Franz-Josef-Straße, die Kirchenstraße und die Reichsstraße bis zum Endpunkt, dem Betriebsbahnhof vor der Brücke in Rheindorf.

Schaffnerkarte der Lokalbahn von Dornbirn nach Lustenau.

Ab 1890 gab es Projekte einer Eisenbahnverbindung von Dornbirn und Lustenau. Geplant war eine Dampfstraßenbahn, eine schmalspurige Lokalbahn oder eine Straßenbahn. Die am Bahnbau interessierten Gemeinden Dornbirn und Lustenau erhielten am 24. März 1902 die Konzession für eine elektrische schmalspurige Straßenbahn mit 1000 Millimeter Spurweite. Die Arbeiten an der Strecke hatten bereits im Februar 1902 begonnen, die Prüfung erfolgte am 28. November 1902, die feierliche Eröffnung des Personenverkehrs am 30. November 1902. Am 7. September 1903 wurde der Güterverkehr aufgenommen.

Am 28. September 1903 wurde die AG Elektrische Bahn Dornbirn–Lustenau gegründet. Die Bahn erwirtschaftete bis 1930 einen Überschuss, doch das Sparen beim Bahnbau erforderte aufwendige Erhaltungsarbeiten. Ab 1924 gab es Konkurrenz durch eine Autobuslinie. Der Betriebsabgang ab 1931 und der Ausbau des Straßennetzes führten letztlich zur Auflassung der Bahn. Der Betrieb wurde am 31. Oktober 1938 eingestellt, die Bahn bis 25. August 1939 abgetragen. Die Fahrzeuge der Bahn wurden an die Straßenbahn in Klagenfurt verkauft.

Strafkarte der Lokalbahn von Dornbirn nach Lustenau. Originalgröße: 87 x 45 Millimeter.

Der letzte Triebwagen der Lokalbahn von Dornbirn nach Lustenau, Wagen 6, konnte am 29. August 1953 in Klagenfurt am Heiligengeistplatz fotografiert werden. Der Wagen stand dort mit der Nummer 21 bis 1958 in Betrieb.

Register der abgebildeten Lokomotiven

Ortsregister zu den Abbildungen

Bildnachweis

Kurt Feuerfeil: Titelbild, 14, 24, 25, 27, 37 unten, 45 unten, 49 oben, 49 unten, 52 oben, 69, 88 unten, 91, 92, 93 unten, 94 unten, 95, 96, 97 oben, 97 unten, 104, 106; Mag. Markus Inderst: 15, 19, 20, 26, 30, 31, 44 unten, 45 oben, 51, 58 oben, 61, 62, 64, 65, 98 oben, 98 unten, 99, 100; Dr. Franz Kleindl: 74; Ernst Lassbacher: 72, 123 oben, 123 unten; Mag. Pharm. Alfred Luft: 12, 14, 21 oben, 22, 28, 58 unten, 80, 88 oben, 93 oben, 94 oben, 103, 109, 110, 118, 121; Gerhard Luft: 47, 105; Dr. Helmut Petrowitsch: 32; Kurt Plesche: 33; Harald Navé, Archiv Verband der Eisenbahnfreunde: 21 unten, 23, 35, 36, 37 oben, 38, 46, 48, 50, 52 unten, 55, 56, 57, 59, 68 unten, 73, 77, 78, 79, 84, 85, 102 unten, 116 unten, 117, 119, 120, 125; Roland Rastl: 83 oben, 83 unten, 87; Peter Schmied: 86; Ing. Peter Wegenstein: 44 oben, 70, 71, 76, 111, 112 oben, 112 unten, 122 oben, 122 unten.

Bereits erschienen

Peter Wegenstein

Wege aus Eisen in Salzburg und Kärnten

Zur Eisenbahngeschichte der beiden Länder

„Akribisch hält Peter Wegenstein Details aus 161 Jahren Eisenbahngeschichte fest. Er schildert Bau und Verlauf der Hauptbahnen – der Westbahn, der Strecke durchs Salzachtal nach Zell am See und weiter nach Hochfilzen, der Abzweigung von Bischofshofen durchs Ennstal in die Steiermark und der Tauernbahn von Schwarzach/St. Veit durchs Gasteiner Tal nach Kärnten. (…) Liebevoll in dem Sinne, dass viele Details in Wort und Bild – samt alten Fahrkarten – festgehalten sind, erinnert er an die Ischler Bahn und die 5,2 Kilometer lange Gaisbergbahn von Parsch bis zur Gaisbergspitze."

Hedwig Kainberger in: Salzburger Nachrichten

„Das Buch behandelt neben den Hauptbahnen in den beiden Ländern auch sämtliche davon abzweigenden Nebenbahnen. Dabei darf die schmalspurige Pinzgauer Lokalbahn ebenso wenig fehlen wie die Schmalspurbahn Kühnsdorf–Eisenkappel und die Salzkammergut Lokalbahn sowie die Zahnradbahnen auf den Gaisberg und den Schafberg."

Roland Beier in: LOK-Report

„Die Kärntner Eisenbahngeschichte ist ein Nebenschauplatz der österreichischen, da die Hauptverbindung nach Italien anfangs von der Südbahn-Gesellschaft über Graz nach Triest geführt wurde … Und wer nicht weiß, dass in Klagenfurt einst auch eine Straßenbahn verkehrte, wird von Wegenstein eines Besseren belehrt."

Andreas Kanatschnig in: Kleine Zeitung

23,5 x 20 cm. 132 Seiten mit zahlreichen Abbildungen. Hardcover.
ISBN 978-3-9504937-1-9

W-H EDITION WINKLER-HERMADEN

Bereits erschienen

Peter Wegenstein

Wege aus Eisen in Oberösterreich

Zur Geschichte der Eisenbahn im Land ob der Enns

„Der Eisenbahnexperte Peter Wegenstein ist kein Neuling in der Buchproduktion, diesmal beschreibt er das Eisenbahnwesen Oberösterreichs. Er lenkt sein Hauptaugenmerk neben den Hauptstrecken gern auf die Lokal- und Straßenbahnen, dokumentiert Entstehung, Blüte und Niedergang. Mehr als hundert Fotos, alte Fahrkarten, Fahrpläne und Streckenskizzen ergänzen das Werk."

Hans Werner Scheidl in: Die Presse

„Man kann es nicht anders sagen: Peter Wegenstein fährt auf Züge ab. Der Wiener, der 1967 als Zwanzigjähriger zu den ÖBB kam und im Bereich Eisenbahnsicherheitsanlagen tätig war, hat sich als penibler Forscher und in zahlreichen Büchern um die österreichische Eisenbahngeschichte verdient gemacht.
Akribisch folgt er den Gleisen, die von September 1827 für die Pferdeeisenbahn bis 2018 für die Verlängerung der Straßenbahn in Gmunden in Oberösterreich verlegt wurden. Hauptstrecken wie die Westbahn und ihre Abzweigungen nach Passau und Summerau oder die Kronprinz-Rudolf-Bahn, Kremstal-, Pyhrn- und Salzkammergutbahn werden ebenso detailliert beschrieben wie Nebenbahnen, Straßenbahnen oder die Adhäsionsbahn auf den Pöstlingberg. Wegenstein nimmt sich auch jenen Strecken an, die aus wirtschaftlichen Gründen stillgelegt wurden."

Bernhard Lichtenberger in: Oberösterreichische Nachrichten

23,5 x 20 cm. 132 Seiten mit zahlreichen Abbildungen. Hardcover.
ISBN 978-3-9519804-1-6

Aus dem Verlagsprogramm

Peter Wegenstein

Wege aus Eisen im Waldviertel

Zur Geschichte der Eisenbahnen im Viertel ober dem Manhartsberg

23,5 x 20 cm. 120 Seiten mit zahlreichen Abbildungen. Hardcover. ISBN 978-3-9503739-2-9

Peter Wegenstein

Wege aus Eisen im Mostviertel

Zur Geschichte der Eisenbahnen im Viertel ober dem Wienerwald

23,5 x 20 cm. 124 Seiten mit zahlreichen Abbildungen. Hardcover. ISBN 978-3-9503952-9-7

Peter Wegenstein

Wege aus Eisen im Industrieviertel

Zur Geschichte der Eisenbahnen im Viertel unter dem Wienerwald

23,5 x 20 cm. 124 Seiten mit zahlreichen Abbildungen. Hardcover. ISBN 978-3-9504199-7-9

Peter Wegenstein

Wege aus Eisen im Burgenland

Zur Geschichte der Eisenbahn in Österreichs jüngstem Bundesland

23,5 x 20 cm. 132 Seiten mit zahlreichen Abbildungen. Hardcover. ISBN 978-3-9519762-2-8